Sub Tuum praesidium Immaculata

Mons. Louis Gaston Adrien de Ségur

L'inferno
è dogma o favola?

a cura di Carlo Di Pietro

SVRSVM CORDA®

Prima edizione 2018
Collana *Apologetica*

a cura di Carlo Di Pietro
revisione di Maria Alfonsina Torre

Mons. Louis Gaston Adrien de Ségur

(1820 - 1881)
Prelato domestico di Sua Santità
Dignitario del Capitolo Imperiale di San Dionisio presso Parigi

L'inferno è dogma o favola?
Se esiste. Che cos'è. Come possiamo evitarlo

Alcune edizioni consultate:
• Porto, 1905, Casa Editora de Aloysio Gomes da Silva
Approvazione canonica, A. Bispo do Porto, 2 settembre 1905
• Torino, 1935, Marietti, Versione di Pietro Marietti
Nulla osta, 18 febbraio 1922
Imprimatur, Can. Francesco Duvina, *Prov. Ger.*

Sursum Corda

C.da Piancardillo, snc - 85010 Pignola (PZ)
Sito: *https://www.sursumcorda.cloud/*
E-mail: *editoria@sursumcorda.cloud*
ISBN: 978-88-900747-4-5

Lettera di Sua Santità Pio IX all'Autore

arissimo Figlio, salute e benedizione apostolica. Noi ci felicitiamo di tutto cuore perché non cessate di ottemperare, su così ampia scala e con tanto successo, al vostro ufficio di *araldo del Vangelo*. Tutto ciò che pubblicate si diffonde subito tra il popolo con migliaia di esemplari. Evidentemente, perché i vostri scritti sono così ricercati, occorre che essi piacciano ed essi non potrebbero piacere se non avessero il dono di conciliare gli spiriti, e di penetrare fino al fondo dei cuori e di produrre in essi ciascuno i loro benefici effetti. Mettete dunque a profitto la grazia che Dio vi ha fatto; continuate a lavorare con ardore ed assolvere al vostro ministero di evangelizzazione. Quanto a Noi, Noi vi promettiamo da parte di Dio una larga assistenza, per mezzo della quale voi potrete iniziare alle vie della salvezza un numero ogni giorno più considerevole di anime, e intrecciarvi così una magnifica corona di gloria. Nell'attesa, come dono di questo celeste favore e degli altri doni del Signore, ricevete la Benedizione Apostolica che Noi vi impartiamo con grande amore, Figlio carissimo, per testimoniarvi la Nostra paterna benevolenza.

il 2 marzo 1876, S.S. Pio IX

Introduzione

i troviamo nel 1837: vi sono due giovani sottotenenti che visitano i monumenti e le curiosità di Parigi. Entrano nella Chiesa dell'*Assunta* e si mettono a guardare i quadri, le pitture e gli altri dettagli artistici di questa bella rotonda, senza curarsi affatto di pregare. Vicino ad un confessionale, riservato, un giovane prete in cotta adora il Santo Sacramento. «Guarda con quanta attenzione sta lì, dice uno di loro al compagno, si direbbe quasi che aspetti qualcuno. Forse aspetta te?». L'altro ridendo risponde: «Me?! E per fare cosa?». «Non saprei, chissà, magari per confessarti». «Per confessarmi? Ebbene, vuoi scommettere che ci vado?». «Tu, andare a confessarti! Bah!». E si mette a ridere, alzando le spalle. «Cosa vuoi scommettere?», riprende il giovane ufficiale, con aria beffarda e decisa. «Scommettiamo una bella cena, con una bottiglia di champagne d'annata!». Accetta: «E vada per la cena con lo Champagne. Vai allora a metterti in confessionale». Appena lasciato l'altro, va diritto dal prete bisbigliandogli qualcosa nell'orecchio, costui si alza, entra in confessionale mentre il penitente improvvisato rivolge uno sguardo di sussiego verso il compagno inginocchiandosi come per confessarsi. «Ma che sfrontatezza», mormora l'altro, e si siede a vedere cosa accade. Aspetta cinque minuti, poi

dieci, un quarto d'ora «Ma cosa fa? - si domanda curioso e leggermente impaziente - cosa sta dicendo in tutto questo tempo?». Infine si apre il confessionale, l'abate ne esce, col volto animato e grave; dopo aver salutato il giovane militare, entra in sagrestia. A sua volta esce l'ufficiale, rosso come un gallo, stirandosi i baffi con aria un po' accigliata, facendo cenno all'amico di uscire dalla Chiesa. «Oh - gli dice - ma cosa è successo? Lo sai che sei rimasto quasi venti minuti con questo abate? Ho pensato che ti confessassi per davvero. Ti sei proprio guadagnato la cena scommessa! Vogliamo andare questa sera?». «No, risponde l'altro di cattivo umore, no, non oggi! Ho da fare, ti devo lasciare». E stringendo la mano al compagno, si allontana bruscamente, con aria corrucciata. Ma che cosa è successo realmente tra il sottotenente ed il confessore? Ecco cosa: Appena il prete apre lo sportello del confessionale, si accorge dal tono del giovane che si tratta di una mistificazione. Costui aveva avuto l'impertinenza di dire, al termine di una sua frase: «La religione! la confessione! Io me ne infischio!». Questo abate era un uomo di spirito: «Mio caro signore - egli dice interrompendolo con garbo - io vedo che ciò che fate, non è una cosa seria. Lasciamo da parte la confessione, e se volete, facciamo un po' di chiacchiere. Io amo molto i militari, e poi voi mi sembrate essere un giovane amabile. Che grado avete, ditemi?». L'ufficiale comincia a capire di aver commesso una sciocchezza, e felice di trovare il modo di liberarsi, risponde gentilmente: «Io sono un sottotenente. Esco da Saint-Cyr». «Sottotenente? E resterete per molto tempo sottotenente?» . «Ma non penso per molto, due o tre anni, forse quattro». «E dopo?». «Dopo? Passerò tenente». «E dopo?». «Dopo? Sarò capitano». «Capitano? A quanti anni si diventa capitano?».

«Se avrò fortuna, dice l'altro sorridendo, potrò essere capitano a ventotto o ventinove anni». «E dopo?». «Oh! dopo è più difficile; si resta per molto tempo capitano. Poi si diventa capo di battaglione; poi tenente-colonnello; poi, colonnello». «Ebbene! Eccovi colonnello a quaranta, quarantadue anni. E dopo?». «Dopo? Io diventerò generale di brigata, e poi generale di divisione». «E dopo?». «Dopo? C'è solo il bastone di maresciallo ma … le mie pretese non vanno fin là!». «Eh bene, eccovi sposato, ufficiale superiore, generale, generale di divisione, forse anche maresciallo di Francia, che so? E dopo signore, e dopo?». Insisteva il prete con decisione. «Dopo? Dopo? Replica l'ufficiale un po' interdetto. Oh ! Ma che dire, io non so cosa accadrà dopo!». «Vedete come è strano - dice allora l'Abate con tono sempre più grave - Voi sapete tutto ciò che accadrà fino a quel punto, e non sapete cosa accadrà dopo! Ebbene, io invece lo so; e voglio proprio dirvelo! Dopo, signore, voi morirete. Dopo la vostra morte comparirete davanti a Dio e sarete giudicato. E se continuerete a fare come fate ora, voi sarete dannato; sarete bruciato eternamente nell'inferno. Ecco cosa succederà dopo!». E poiché il giovane, stordito da questa conclusione, infastidito da questo finale, sembra volersi schermire : «Un instante ancora signore! - aggiunge l'abate - ho da dirvi ancora una parola». «Voi avete il vostro onore, è vero? Ebbene anche io ho il mio, e voi avete mancato gravemente nei miei confronti, e mi dovete una riparazione. Io ve la chiedo, la esigo in nome dell'onore. Essa sarà molto semplice. Datemi la vostra parola che per otto giorni, ogni sera prima di andare a dormire, vi metterete in ginocchio e direte ad alta voce: "Un giorno io morirò; ma io me ne frego! Dopo il giudizio, io sarò dannato, ma io me ne frego. Io brucerò eternamente nell'inferno; ma io me ne frego". Ecco tutto. Voi mi date la vostra parola d'onore, giusto?». Sempre più disorientato, volendo uscire quanto prima dall'imbarazzo, il sottotenente promette tutto, e il buon abate lo congeda con bontà, aggiungendo: «Non ho bisogno di dirvi, mio caro amico, che vi perdono di vero cuore. Se mai avete bisogno di me, voi mi troverete sempre qui, al mio posto. Solo, non dimenticate la parola data». Così si sono lasciati, come abbiamo già visto. Il giovane ufficiale va a cena da solo. È manifestamente infastidito. La sera, al momento di dormire, esita un po', ma la sua parola è data; egli esegue: «Io morirò, io sarò giudicato, ed andrò forse all'inferno ….». E non ha il coraggio di aggiungere: «Io me ne frego». Passano così dei giorni. La sua "penitenza" gli torna continuamente nella mente e sembra assordargli le orecchie. In fondo, come il 99% dei giovani, egli è più frastornato che cattivo. Non ancora trascorso l'ottavo giorno, egli ritorna, questa volta da solo, alla chiesa dell'Assunta, si confessa per bene, ed esce dal confessionale col viso bagnato di lacrime o con la gioia nel cuore. Egli è poi rimasto, mi hanno assicurato, un degno e fervente cristiano. Il serio timore dell'inferno, con la grazia di Dio, aveva operato la metamorfosi. Ora, ciò che ha fatto sullo spirito di questo giovane ufficiale, questa consapevolezza, perché non potrebbe farlo sul vostro, amico lettore? Occorre dunque riflettere, una buona volta. Si tratta di una questione personale, e pertanto, confessatelo, terribile. È una domanda che si pone per ciascuno di noi, e bene o male occorre dare una soluzione positiva. Andremo così ad esaminare insieme, se vi aggrada, brevemente e francamente, due cose: 1) se c'è veramente un inferno; 2) cos'è l'inferno. Io qui faccio unicamente appello alla vostra buona disposizione e alla vostra fede.

L'inferno è creduto da tutti i popoli di ogni tempo

 iò che tutti i popoli hanno sempre creduto, in tutti i tempi, costituisce ciò che si chiama una *verità di senso comune*, o meglio, di *comune sentimento universale*. Se qualcuno si rifiuta di ammettere una di queste grandi verità universali, non avrebbe, come si dice giustamente, il *senso comune*. Bisogna essere folli, in effetti, per pensare che si possa aver ragione contro tutto il mondo. Ora in tutti i tempi, dall'inizio del mondo fino ai nostri giorni, tutti i popoli hanno creduto all'inferno. Sotto un nome o un altro, in forme più o meno alterate, essi hanno ricevuto, conservato e proclamato, la credenza in castighi terribili, in castighi senza fine, in cui appare sempre il fuoco, per punire i malvagi, dopo la morte. Questo è un fatto certo, così luminosamente stabilito dai nostri grandi filosofi cristiani, tanto che è superfluo darsi la pena di provarlo. Fin dalle origini si trova l'esistenza di un inferno eterno di fuoco, chiaramente affidato ai più antichi libri conosciuti, quelli di Mosè. Io non li cito qui se non da un punto di vista puramente storico. Il nome stesso dell'inferno si trova a chiare lettere. Così nel sedicesimo capitolo del Libro dei *Numeri*, noi vediamo i tre leviti, Core, Datan ed Abiron che avevano blasfemato Dio, ribellandosi a Mosè: «Inghiottiti vivi nell'inferno», ed il testo ripete: «e discesero vivi nell'inferno»

- «*descenderuntque vivi in infernum*»; ed il fuoco, «*ignis*» che il Signore ne fece uscire, divorò duecentocinquanta altri ribelli. Ora, Mosè scrive questo più di sedici secoli prima della nascita di Nostro Signore, vale a dire quasi tremila e cinquecento anni fa. Nel *Deuteronomio*, il Signore dice, per bocca di Mosè: «Il fuoco è stato acceso nella mia collera ed i suoi ardori penetreranno fino alle profondità dell'inferno» - «*ardebit usque, ad inferni novissima*». Nel libro di *Giobbe*, egualmente scritto da Mosè, a testimonianza dei più grandi sapienti, gli empi, per cui la vita abbonda di beni, e che dicono a Dio «noi non abbiamo bisogno di Voi, non vogliamo la Vostra legge; perché servirVi e pregarVi!», questi empi cadono tutto ad un tratto nell'inferno - «*in puncto ad inferna descendunt*». Giobbe chiama l'inferno «la regione delle tenebre, la regione sprofondata nelle ombre della morte, la regione del dolore e delle tenebre, in cui non c'è alcun ordine, ma vi regna l'orrore eterno» - «*sed sempiternus horror inhabitat*». Ecco già delle testimonianze più che rispettabili, e che risalgono alle origini storiche più remote. Mille anni prima dell'era cristiana, quando non c'era ancora né storia greca, né storia romana, Davide e Salomone parlano frequentemente dell'inferno come di una grande verità, talmente conosciuta e riconosciuta da tutti, per cui non c'è neppure bisogno di dimostrarlo. Nel suo libro dei *Salmi*, Davide tra l'altro, parlando dei peccatori, dice: «Che essi siano gettati nell'inferno» - «*Convertantur peccatores in infernum*». Che gli empi siano confusi e precipitati nell'inferno, «*et deducantur in infernum*». E altrove parla dei dolori nell'inferno: «*dolores inferni*». Salomone non è meno formale. Ricordando i propositi degli empi che vogliono sedurre e perdere il giusto, egli dice: «Divorano ogni vivente, come fa l'inferno» - «*sicut infernus*». E in questo famoso passaggio del

Libro della *Sapienza,* dove egli descrive ammirevolmente la disperazione dei dannati, aggiunge: «Ecco ciò che dicono nell'inferno, coloro che hanno peccato; perché la speranza dell'empio svanisce come il fumo portato dal vento». In un altro dei suoi libri, l'*Ecclesiastico,* egli dice ancora: «La moltitudine dei peccatori è come un fardello di stoppa; ed il loro fine ultimo, è la fiamma del fuoco» - *«flamma ignis».* Questo sono gli inferi, e le tenebre e le pene, *«et in fine illorum inferi, et tenebrae, et paenae».* Due secoli dopo, più di ottocento anni prima di Gesù Cristo, il grande profeta Isaia diceva a sua volta: «Come tu sei caduto dall'alto del cielo, o Lucifero? Tu che dicevi nel tuo cuore: "Io salirò fino al cielo, io sarò simile all'Altissimo", ti vedo precipitato nell'inferno, in fondo all'abisso» - *«ad infernum detraheris, in profundum laci».* Per questo «abisso», per questo misterioso «stagno», noi vedremo più avanti che bisogna intendere questa spaventosa massa liquida di fuoco che la terra avvolge e nasconde, e che la Chiesa stessa ci indica come il luogo propriamente detto *dell'inferno.* Salomone e Davide parlano anch'essi di un *abisso bruciante.* In un altro passaggio delle sue profezie, Isaia parla del fuoco, del fuoco eterno dell'inferno. «I peccatori - egli dice - sono pieni di spavento. Chi di voi potrà entrare nel fuoco che divora, nelle fiamme eterne?» - *«cum ardoribus sempiternis».* – Il Profeta Daniele, vissuto duecento anni dopo Isaia, dice, parlando della resurrezione ultima e del giudizio: «E la moltitudine di coloro che dormono nella polvere, si sveglierà, gli uni per la vita eterna, gli altri per un obbrobrio che non finirà mai». Testimonianza simile da parte di altri Profeti, fino al precursore del Messia, San Giovanni Battista, che parla anch'egli al popolo di Gerusalemme del *fuoco eterno dell'inferno,* come una *verità da tutti conosciuta,* e della quale *nessuno ha mai dubitato.* «Ecco il Cristo che si avvicina - esclama - Egli vaglierà il suo grano, raccoglierà il frumento (gli eletti) nei granai; quanto alla paglia (i peccatori), Egli li brucerà nel fuoco che non si spegne mai» - «*Igne inestinguibili*». L'antichità pagana, greca e latina, ci parla ugualmente dell'inferno, e dei suoi terribili castighi che non avranno mai fine. Sotto forme più o meno esatte, a seconda che i popoli si allontanavano più o meno dalle tradizioni primitive e dagli insegnamenti dei Patriarchi e dei Profeti, vi si ritrova sempre la credenza in un inferno, un inferno di fuoco e di tenebre. Tale era il *Tartaro* dei greci e dei latini. «Gli empi che hanno disprezzato le sante leggi, sono precipitati nel tartaro per non uscirne mai, e per soffrivi tormenti orribili ed eterni», dice Socrate, citato da Platone, suo discepolo. E Platone ancora dice: «Si deve prestare fede alle tradizioni antiche e sacre che insegnano che dopo questa vita l'anima sarà giudicata e punita severamente se non ha vissuto in modo conveniente». Aristotele, Cicerone, Seneca, parlano di queste stesse tradizioni che si perdono nella notte dei tempi. Omero e Virgilio le hanno rivestite dei colori dei loro versi immortali. Chi non ha letto della *discesa di Enea agli inferi*, ove, sotto il nome di «Tartaro», di «Plutone», etc... noi ritroviamo le grandi verità primitive, sfigurate ma conservate dal paganesimo? I supplizi dei malvagi sono eterni; ed uno di essi ci viene ritratto come «fissato, eternamente fissato nell'inferno». Che questa credenza sia universale, incontestabile ed incontestata, lo stesso filosofo scettico Pierre Bayle è il primo a constatarlo, a riconoscerlo. Il suo confratello in *volterianesimo* ed in empietà, l'inglese Bolingbroke lo confessa con uguale franchezza. Egli dice formalmente: «La dottrina di uno stato futuro di ricompensa e di castigo sembra perdersi nelle tenebre dell'antichità;

essa precede tutto quel che sappiamo di certo. Dal momento che iniziamo a sbrogliare il caos della storia antica, noi ritroviamo questa credenza in modo solido nello spirito delle prime nazioni che noi conosciamo». Se ne ritrovano i frammenti fin tra le informi superstizioni dei selvaggi dell'America, dell'Africa e dell'Oceania. Il paganesimo dell'India e della Persia ne conserva vestigia impressionanti, ed infine il maomettanesimo annovera l'inferno nel numero dei suoi dogmi. In seno al Cristianesimo, è superfluo dire che il dogma dell'inferno è fortemente insegnato come una delle grandi verità essenziali, che servono come base di tutto l'edificio della Religione. Finanche gli stessi protestanti, che hanno distrutto tutto con la loro folle dottrina del «libero esame», non hanno osato toccare l'inferno. Cosa strana ed inesplicabile in mezzo a tante rovine, Lutero, Calvino e gli altri hanno dovuto lasciare in piedi questa verità terrificante, che doveva pur essere a loro personalmente così inopportuna! Dunque, tutti i popoli, in tutti i tempi, hanno conosciuto l'esistenza dell'inferno. Questo dogma terribile fa parte allora di questo tesoro delle *grandi verità universali*, che costituiscono la *luce dell'umanità*. Pertanto un uomo appena sensato non può metterlo in dubbio dicendo, nella follia di un'orgogliosa ignoranza: «Non c'è l'inferno!». In conclusione, quindi, l'inferno c'è!

L'inferno non è stato inventato dall'uomo

oi vediamo allora che in tutti i tempi, tutti i popoli hanno creduto nell'inferno. Questo già prova da solo che esso non è frutto di un'invenzione umana. Supponiamo per un istante: il mondo vivente, ben tranquillo, immerso nei piaceri ed abbandonato senza timore a tutte le passioni. Un bel giorno, un uomo, un filosofo, gli viene a dire: «C'è un inferno, un luogo di eterni tormenti, ove Dio vi punirà se continuate a fare il male; un inferno di fuoco nel quale brucerete senza fine, se non cambiate vita». Figuratevi che effetto avrebbe prodotto un tale annunzio! Inizialmente nessuno vi avrebbe creduto: «Ma cosa venite a predicarci?», avrebbero detto a quest'inventore dell'inferno. «Ma come vi è saltato in mente, da dove l'avete preso? Quali prove ci portate? Voi siete un sognatore, un profeta di sventura». Non lo si sarebbe mai creduto. Nessuno lo avrebbe creduto, perché tutto, nell'uomo corrotto, si rivolta istintivamente contro l'idea dell'inferno. Così come ogni colpevole respinge, per quanto può, l'idea del castigo, allo stesso modo e centuplicato l'uomo colpevole respinge la prospettiva di questo fuoco vendicatore, eterno, che deve punire impietosamente tutte le sue colpe, anche le colpe segrete. E soprattutto in una società, come la supponiamo al momento, in cui nessuno ha mai sentito parlare dell'inferno: la rivolta dei pregiudizi, si sarebbe unita alla rivolta delle passioni. Non solo non lo avrebbero voluto credere, questo inventore di sciagure, ma lo si sarebbe cacciato con furore, lo si sarebbe lapidato, cosicché il pensiero di ricominciare non sarebbe più venuto a nessun altro. E qualora si volesse ancora prestar fede a questa invenzione, poniamo, evocando un'impossibilità ancora più evidente, che tutti i popoli si siano messi a credere all'inferno sulla parola del suddetto filosofo: qual avvenimento! E allora io mi domando: il nome dell'inventore, il secolo, il paese dove viveva, non sarebbero certamente stati consegnati alla storia? Ma, nulla di tutto questo! È stato segnalato mai qualcuno che abbia introdotto nel mondo questa dottrina terrificante, sì contraria alle passioni più radicate dello spirito umano, del cuore, dei sensi? Dunque, l'inferno non è stato inventato! Non è stato inventato, perché non poteva esserlo. L'eternità delle pene dell'inferno è un dogma che la ragione non può comprendere; essa può conoscerlo, ma non comprenderlo, perché è al di sopra della ragione. E ciò che l'uomo non comprende, come può averlo inventato? Ed è proprio perché l'inferno, l'inferno eterno, non può essere compreso dalla ragione, che la ragione insorge contro di esso, non essendo rischiarata e rivelata dalle luci soprannaturali della fede. Come vedremo più avanti, la ragione grida all'ingiustizia, alla barbarie, e di conseguenza all'impossibilità. Il dogma dell'inferno è ciò che si chiama «una verità innata», vale a dire una di quelle luci di origine divina che lotta in noi malgrado noi; che è nel fondo della nostra coscienza, incrostata nelle profondità della nostra anima come un diamante nero, che brilla di un bagliore oscuro. Nessuno lo può strappare, perché è Dio stesso che lo ha messo là. Si può coprire questo diamante con i suoi bagliori scuri, se ne può allontanare lo sguardo e dimenticarlo per un certo tempo; si può negarlo in parole; ma vi si crede malgrado tutto, e la coscienza non cessa di proclamarlo. Gli empi che si burlano dell'inferno, in fondo ne hanno una paura terribile. Coloro che dicono che per essi è dimostrato che l'inferno non c'è, mentono a se stessi e agli altri. Si tratta di una empia speranza del cuore, piuttosto che una negazione ragionata dello spirito. Nell'ultimo secolo, uno di questi insolenti scriveva a Voltaire che aveva scoperto la prova metafisica della non esistenza dell'inferno: «Voi siete tra i felici, gli rispose il vecchio patriarca degli increduli; ma io non mi trovo tra essi!». No, l'uomo non ha inventato l'inferno! Egli non lo ha inventato, non lo ha potuto inventare. Il dogma di un inferno eterno di fuoco risale a Dio stesso. Esso fa parte di questa grande rivelazione primitiva che è la base della Religione e della vita morale del genere umano. Ergo: l'inferno c'è!

Dio ha rivelato l'esistenza dell'inferno

 passaggi dell'*Antico Testamento* che ho citato più in alto, dimostrano già che il dogma dell'inferno è stato rivelato da Dio stesso ai Patriarchi, ai Profeti ed all'antico Israele, in effetti non si tratta solo di testimonianze storiche: sono ancora e soprattutto delle testimonianze divine, che comandano la fede, che si impongono alla nostra coscienza, con l'autorità infallibile delle verità rivelate. Nostro Signore Gesù Cristo ha solennemente confermato questa temibile rivelazione; e per ben quattordici volte nel *Vangelo*, parla dell'inferno. Noi non riporteremo qui tutte le sue parole per non ripeterci. Non dimenticate, mio buon lettore, che è Dio stesso che qui parla, e che ha detto: «Il cielo e la terra passeranno, ma le mie parole non passeranno». Poco dopo la sua meravigliosa trasfigurazione sul Tabor, Nostro Signore diceva ai suoi discepoli e alle moltitudini che lo seguivano: «Se la vostra mano (cioè ciò che di più prezioso avete) è per voi occasione di peccato, tagliatela: è meglio entrare nell'altra vita con una sola mano, che con due mani nell'inferno, nel fuoco inestinguibile. Se il vostro piede o il vostro occhio è per voi un'occasione di scandalo, tagliatelo, cavatelo, gettatelo lontano da voi: è meglio entrare nella vita eterna con un solo piede ed un solo occhio, che essere gettati con i due piedi o i due occhi nella prigione del fuoco eterno» - «*in gehenna ignis*

inextinguibilis», ove il rimorso non cessa mai, ed il fuoco non si spegne mai - «*et ignis non extinguitur!*». Egli parla di ciò che accadrà alla fine dei tempi, e dice: «Allora il Figlio dell'uomo verrà con i suoi Angeli, ed essi separeranno coloro che avranno fatto il male per gettarli nella fornace di fuoco» - «*in caminum ignis*» - «ove ci sarà pianto e stridore di denti. Chi ha orecchie per intendere, intenda». Quando il Figlio di Dio predice l'ultimo giudizio, nel venticinquesimo capitolo del *Vangelo* di San Matteo, ci fa conoscere in anticipo i propri termini della sentenza che pronuncerà contro i riprovati: «Ritiratevi da me, maledetti, al fuoco eterno» - «*discedite a me, maledicti, in ignem aeternum*». Io vi chiedo: ci può essere nulla di più chiaro? Gli Apostoli, incaricati dal Salvatore di sviluppare la sua dottrina e di completare le sue rivelazioni, ci parlano dell'inferno e delle sue fiamme eterne in modo non meno esplicito. Per non citare che alcune delle loro parole, ricorderemo San Paolo che dice ai cristiani di Tessalonica, predicando loro i giudizi eterni, «che il Figlio di Dio si vendicherà nella fiamma del fuoco» - «*in flamma ignis*», degli empi che non hanno voluto riconoscere Dio e che non obbediscono al Vangelo di Nostro Signore Gesù Cristo; essi avranno da soffrire delle pene eterne nella morte, lontano dalla faccia del Signore, «*paenas dabunt in interitu aeternas*». L'Apostolo San Pietro dice che i malvagi subiranno il medesimo castigo degli angeli cattivi, che il Signore ha precipitato nelle profondità dell'inferno, nel supplizio del tartaro, «*rudentibus inferni detractos in Tartarum tradidit cruciandos*». Egli li chiama «figli di maledizione» - «*maledictionis filii*», ai quali sono riservati agli «orrori delle tenebre». San Giovanni ci parla ugualmente dell'inferno e dei suoi fuochi eterni. Riguardo all'anticristo e del suo falso profeta, egli dice: «Essi saranno gettati viventi nell'abisso ardente di fuoco e zolfo» - «*in stagnum ignis ardensis sulphure*», per esservi tormentati notte e giorno nei secoli dei secoli, «*cruciabuntur die ac nocte in saecula saeculorum*». Infine l'Apostolo San Giuda ci parla a sua volta dell'inferno, mostrandoci i demoni ed i riprovati «incatenati per l'eternità nelle tenebre, subenti le pene del fuoco eterno» - «*ignis aeterni paenam sustinentes*». Ed in tutto il corso delle loro epistole ispirate, gli Apostoli ritornano incessantemente sul timore dei giudizi di Dio e sui castighi eterni che attendono i peccatori impenitenti. Dopo gli insegnamenti così chiari, come meravigliarsi che la Chiesa ci presenti l'eternità delle pene e del fuoco dell'inferno come un dogma di fede propriamente detto? In tal modo, che colui che vorrebbe negarlo o solo dubitarne, sarebbe quantomeno un eretico. Dunque l'esistenza dell'inferno è un articolo di fede cattolica e ne siamo tanto sicuri, come per l'esistenza di Dio. Dunque, un inferno c'è! Riassumendo: la testimonianza dell'intero genere umano e delle tradizioni più antiche; la testimonianza della natura umana, della retta ragione, del cuore e della coscienza, e soprattutto la testimonianza dell'insegnamento infallibile di Dio stesso e della sua Chiesa, si uniscono per attestarci, con assoluta certezza, che c'è un inferno di fuoco e tenebre, un inferno eterno per il castigo degli empi e dei peccatori impenitenti. Io vi domando, caro lettore, si può mai stabilire una verità più perentoria?

Perché nessuno è mai tornato dall'inferno?

 'inferno esiste essenzialmente per punire i riprovati, e non per lasciarli tornare sulla terra. Quando uno si trova là, ivi resterà. Voi dite che non si ritorna? Questo è vero nell'ordine abituale della Provvidenza. Ma è proprio certo che nessuno sia mai tornato dall'inferno? Siete sicuri che in vista della misericordia e della giustizia, Dio non abbia permesso mai ad un dannato, di riapparire sulla terra? Nella santa *Scrittura* e nella storia, si fa prova del contrario; e, benché sia divenuta una superstizione, la credenza quasi generale a ciò che si chiamano «i fantasmi», sarebbe inesplicabile se non provenisse da un fondo di verità. Lasciatevi qui riportare qualche avvenimento la cui autenticità sembra evidente e che proverebbe l'esistenza dell'inferno, per mezzo di spaventose testimonianze di quelli stessi che vi si trovavano.

Raimond Diocré

ella vita di San Bruno, fondatore dei monaci certosini, si trova un avvenimento sconvolgente, avvenuto alla presenza di migliaia di testimoni, ed esaminato in tutti i particolari dai dottissimi Bollandisti, che presenta pertanto alla critica più seria, tutti i caratteri storici dell'autenticità; un fatto accaduto a Parigi, in pieno giorno, alla presenza di migliaia di testimoni, i cui dettagli sono stati raccolti dai testimoni, e che ha dato vita, infine, ad un grande ordine religioso. Moriva, nell'anno 1082, un grande professore dell'università di Parigi, di nome Raymond Diocré, che godeva dell'ammirazione universale, compianto da tutti i suoi allievi. Uno dei più sapienti dottori del tempo, conosciuto in tutta l'Europa per la sua scienza, i suoi talenti e le sue virtù, chiamato Bruno, si trovava in quel tempo a Parigi con quattro colleghi, e decise di assistere diversamente alle esequie dell'illustre scomparso. Si era disposto il corpo nella grande sala della cancelleria vicino alla Chiesa di Notre-Dame, ed una immensa folla circondava il catafalco, ove, secondo l'uso dei tempi, il morto veniva esposto, coperto da un semplice velo. Nel momento in cui si cominciò a leggere una delle letture dell'*Ufficio dei morti* che comincia così: «Rispondimi. Quanto grandi e numerose sono le tue iniquità …», una voce sepolcrale uscì da sotto il velo funebre, e tutti gli

astanti udirono queste parole: «Per un giusto giudizio di Dio, sono stato accusato». Ci si precipitò allora a togliere il drappo mortuario: il povero morto era là immobile, glaciale, perfettamente "morto". La cerimonia, interrotta per un istante, riprese subito; tutti gli astanti erano nello stupore e pieni di paura. Si riprende dunque l'Ufficio, si arriva nuovamente alla lettura suddetta: «Rispondimi»! Questa volta, visto da tutti, il morto si solleva, e con voce più forte, ancora più accentuata, dice: «Per un giusto giudizio di Dio, sono stato giudicato», e ricade all'indietro disteso. Il terrore negli astanti è al colmo! Alcuni medici possono costatarne di nuovo la morte: il cadavere è freddo, rigido. Non si ha il coraggio di continuare, e l'*Ufficio* viene rimandato all'indomani. Le autorità ecclesiastiche non sanno come comportarsi. Gli uni dicono. «È un dannato; è indegno delle preghiere della Chiesa». Altri dicono: «No, tutto questo è senza dubbio molto terrificante, ma infine, tutti noi non saremo dapprima accusati, e poi giudicati con un retto giudizio di Dio?». Il Vescovo è pure di questo avviso, e l'indomani il servizio funebre ricomincia alla stessa ora. Bruno ed i suoi compagni sono là come il giorno prima. Tutta l'Università, tutta Parigi è accorsa a Notre-Dame. L'*Ufficio* dunque ricomincia. Alla stessa lettura: «Rispondimi! …», il corpo del dottor Raymond si erge seduto e, con un accento indescrivibile, che lascia di ghiaccio tutti gli astanti, esclama: «Con un retto giudizio di Dio sono stato condannato», e ricade immobile. Questa volta non ci sono più dubbi, il terribile prodigio costatato fino all'evidenza estrema, non è più discutibile. Per ordine del Vescovo e del Capitolo, si spoglia seduta stante il cadavere delle sue insegne e delle sue dignità, e lo si manda alla volta di Montfaucon. All'uscire dalla grande sala della cancelleria, Bruno, che all'epoca aveva circa quarantacinque anni, decide irrevocabilmente di lasciare il mondo, ed si mette alla ricerca, insieme ai suoi compagni, nella solitudine della grande certosa, nei pressi di Grenoble, di un ritiro ove giungere più sicuramente alla salvezza, e prepararsi così, lontano dagli agi, ai giusti giudizi di Dio. Ecco quindi un riprovato che ritorna dall'inferno non per uscirne, ma per esserne il più inconfutabile dei testimoni.

La vicenda narrata da Sant'Antonino

 l sapiente Arcivescovo di Firenze, Sant'Antonino, riporta nei suoi scritti un fatto non meno terribile che, verso la metà del quindicesimo secolo, aveva spaventato tutto il nord dell'Italia. Un giovane di buona famiglia, che a sedici o diciassette anni ebbe la disgrazia di nascondere un peccato mortale in confessione e di comunicarsi in questo stato, aveva rimandato di settimana in settimana, di mese in mese, la confessione così penosa dei suoi sacrilegi, continuando, del resto, le sue confessioni e le sue comunioni, per un miserabile rispetto umano. Tormentato dal rimorso, cercava di stordirsi facendo grandi penitenze, e tanto bene che passava per un santo. Non resistendo, entrò in un monastero. «Là, almeno - si diceva - io dirò tutto, ed espierò seriamente i miei spaventosi peccati». Fu accolto così, per sua sventura, come un piccolo santo dai superiori che lo conoscevano per la reputazione, ma la sua onta riprese ancora il sopravvento. Egli rimandò la sua confessione a più tardi, raddoppiò le sue penitenze, e così in questo deplorevole stato passarono un anno, due anni, tre anni, ed egli non osava mai rivelare il peso terribile e vergognoso che lo opprimeva. Infine una malattia mortale sembrò facilitarne la soluzione. Per questo motivo, si disse, «io vado a confessare tutto. Vado a fare una confessione generale prima di morire». Ma per l'amor proprio, dominando sempre il pentimento, egli ingarbugliò così bene

la confessione dei suoi peccati, che il confessore non poté comprendere nulla. Egli aveva un vago desiderio di ritornarvi sopra l'indomani; ma sopravvenne un ascesso febbrile, e l'infelice così morì. Nella comunità, ove si ignorava la mostruosa realtà, si diceva: «Se non va in cielo costui, che di noi potrà mai entrarvi?», e si facevano toccare alle sue mani delle croci, dei rosari, delle medaglie. Il corpo fu trasportato con una sorta di venerazione nella chiesa del monastero, e vi restò esposto nel coro fino all'indomani mattino quando si celebrarono i funerali. Qualche istante prima dell'ora fissata per la cerimonia, uno dei frati, inviato a suonare le campane, scorse tutto ad un colpo davanti a lui, vicino all'altare, il defunto circondato da catene che sembravano rosse di fuoco, ed una certa incandescenza appariva in tutta la sua persona. Spaventato, il povero frate era caduto in ginocchio, con gli occhi fissi sulla orribile apparizione. Allora il dannato gli disse: «Non pregate per me. Io sono nell'inferno per l'eternità», e raccontò la storia lamentevole della sua cattiva onta e dei suoi sacrilegi, dopo di ché sparì lasciando nella chiesa un odore ripugnante che si sparse in tutto il monastero, come per attestare la veridicità di tutto quanto il frate vedeva e intendeva. Subito avvertiti, i superiori fecero portar via il cadavere, giudicandolo indegno della sepoltura ecclesiastica.

La donna di corte a Napoli

an Francesco Girolamo, celebre missionario della *Compagnia di Gesù*, all'inizio del diciottesimo secolo, era stato incaricato di dirigere le missioni nel *Reame* di Napoli. Un giorno, mentre predica in una piazza di Napoli, alcune donne di vita cattiva, tra cui una di essa, chiamata Caterina, lì riunite, si sforzano nel disturbare il sermone con i loro canti e le loro sguaiate esclamazioni, per indurre il padre a ritirarsi; ma egli nondimeno continua il suo discorso, senza che sembri accorgersi delle loro insolenze. Qualche tempo dopo, egli torna a predicare nella stessa piazza. Vedendo la porta di Caterina chiusa e tutta la casa, ordinariamente così chiassosa, in un profondo silenzio: «Ebbene! - dice il Santo - cosa è successo a Caterina?». «Ma come Padre, non lo sa? Ieri sera la disgraziata è morta, senza poter pronunziare una parola». «Caterina morta? - riprende il Santo - e morta all'improvviso? Entriamo e vediamo». Si apre la porta, il Santo sale le scale ed entra, seguito dalla folla, nella stanza ove il cadavere giace a terra, su di un drappo, con quattro ceri, secondo l'uso del paese. Egli la guarda per un po' di tempo con occhi spaventati; poi con voce solenne le dice: «Caterina, adesso dove vi trovate»? Il cadavere resta muto. Il Santo riprende: «Caterina, ditemi, dove siete adesso? Io vi ordino di dirmi: adesso dove vi trovate?». Allora, con grande meraviglia di tutti, gli occhi del cadavere si aprono, le sue

labbra si agitano convulsivamente, ed una voce cavernosa e profonda ecco risponde: «Nell'inferno! Io sono nell'inferno!». A queste parole la folla degli astanti scappa spaventata ed il Santo ridiscende con essi ripetendo: «Nell'inferno! O Dio, è terribile! Nell'inferno! O Dio, è terribile! Avete sentito? Nell'inferno!». L'impressione di questo prodigio fu così vivo, che un buon numero di coloro che ne furono testimoni, non osarono rientrare a casa loro senza essersi prima confessati.

L'amico del conte Orloff

Nel nostro secolo, tre fatti dello stesso genere, uno più autentico dell'altro, sono pervenuti a mia conoscenza. Il primo si è verificato quasi nella mia famiglia, in Russia, a Mosca, poco tempo prima della orribile campagna del 1812. Mio nonno materno, il conte Rostopchine, governatore militare di Mosca, era fortemente legato al generale conte Orloff, celebre per la sue prodezze, prode ancorché empio. Un giorno, dopo un'abbondante e raffinata cena, innaffiata da copiose libagioni, il conte Orloff e uno dei suoi amici, il generale V., *volterriano* come lui, si erano messi a burlarsi offensivamente della religione e soprattutto dell'inferno. «E se per caso - dice Orloff - se per caso c'è qualche cosa dall'altro lato della cortina?». «Ebbene, risponde il generale V., il primo di noi due che vi andrà, tornerà ad avvertire l'altro. Ne convenite, siete d'accordo?». «Idea eccellente!», risponde il conte Orloff, ed entrambi, benché mezzo alticci, diedero seriamente la loro parola d'onore per non mancare al loro impegno. Qualche settimana più tardi, scoppiò una delle grandi guerre che Napoleone aveva il dono di saper suscitare all'epoca; l'armata russa entra in campagna di guerra, ed il generale V. ebbe l'ordine di partire immediatamente per prendere un importante comando. Egli aveva lasciato Mosca da due o tre settimane, quando un mattino, di buon'ora, mentre mio nonno faceva toilette, la porta della sua camera si apre brusca-

mente. È il conte Orloff, in giacca da camera, in pantofole, coi i capelli arruffati, gli occhi stralunati, pallido come un morto. «Cosa c'è! Orloff siete voi? A quest'ora? E così conciato, cosa c'è dunque, cosa è successo?». «Mio caro, riprende Orloff. Credo di essere diventato matto! Ho appena visto il generale V.» Il generale V.? «Ah, dunque è già ritornato?». «Eh no! Riprende Orloff, sprofondando su un divano e prendendosi la testa tra le mani. No! Non è tornato! Ed è per questo che sono terrorizzato!». Mio nonno non riesce a capire, e cerca di calmarlo. «Raccontatemi dunque quel che vi è successo e tutto quello che volete dirmi». Allora, cercando di dominare la sua emozione, il conte Orloff racconta quanto segue. «Mio caro Rostopchine, già da qualche tempo, V. ed io, ci siamo giurati reciprocamente che il primo tra di noi che fosse morto, venisse a dire all'altro se dall'altra parte della cortina ci sia qualcosa. Ora questa mattina, da neanche mezz'ora, io ero tranquillamente a letto, sveglio da tempo, non pensando affatto al mio amico, quando tutto ad un tratto le due tende del mio letto si sono bruscamente aperte ed io ho visto, a due passi da me, il generale V., in piedi, pallido, con la mano destra sul suo petto che mi ha detto: "C'è l'inferno, ed io vi sono dentro!", ed è sparito. E così sono venuto a cercarvi. La mia testa scoppia! Che cosa strana! Io non so cosa pensare!». Mio nonno cerca di calmarlo come può, anche se non è cosa facile. Egli parla di allucinazioni, di incubi, … *forse dormiva* … son cose straordinarie, inspiegabili, ed altre banalità di questo genere, che consolano gli spiriti forti. Poi fa preparare i suoi cavalli per riportare il conte Orloff al suo hotel. Dieci o dodici ore dopo questo strano incidente, un corriere dell'armata porta a mio nonno, tra le altre notizie, quella della morte del generale V. .

La mattina del giorno stesso in cui il generale Orloff lo aveva visto e sentito, alla stessa ora in cui era apparso a Mosca, lo sfortunato generale, uscito per verificare la posizione del nemico, venne colpito al petto da un proiettile cadendo morto stecchito! «L'inferno c'è, l'inferno c'è, ed io ci sto dentro!», ecco le parole di qualcuno che «ne è tornato!».

La donna con il braccialetto dorato

el 1859, io raccontavo appunto questo avvenimento (la vicenda del conte Orloff, *ndR*) ad un prete molto distinto, il Superiore di una importate comunità. «È terribile, mi dice, ma questo non mi stupisce in modo straordinario. Fatti di questo genere sono molto meno rari di quel che si possa pensare. Il fatto è che generalmente si tende più o meno a mantenere il segreto, sia per l'onore del "ritornato", sia per l'onore della sua famiglia. Da parte mia posso riferire quel che io ho saputo da fonte certa, circa due o tre anni or sono, da una parente stretta di una persona alla quale è successa una cosa simile. In questo momento che vi parlo (Natale del 1859), questa dama ancora vive, ed ha poco più di quarant'anni. Ella era a Londra, nell'inverno tra il 1847 ed il 1848, era vedova, fortemente mondana, molto ricca e di bell'aspetto. Tra i più eleganti frequentatori del suo salone, c'era un giovane *lord*, le cui assiduità la compromettevano singolarmente e la cui condotta libertina di conseguenza non era meno edificante. Una sera, o piuttosto una notte (poiché era oltre mezzanotte), ella leggeva un romanzo, cercando di conciliare il sonno. Al battere del pendolo, essa spense la sua bugia. Ma nell'addormentarsi, con suo grande stupore, vide che un tenue bagliore sembrava giungere dalla porta del salone, spandendosi a poco a poco nella sua camera, aumentando sempre più di intensità. Stu-

pefatta aprì bene gli occhi, non sapendo cosa questo potesse significare. Essa cominciò a spaventarsi, quando vide aprirsi lentamente la porta del salone ed entrare nella sua camera il giovane *lord*, complice delle sue disordinate avventure. Prima che ella potesse dire una parola, egli le fu vicino e stringendole il polso sinistro, con voce stridente, le disse in inglese: "C'è l'inferno!". Il dolore che ella sentì al braccio fu tale che perse conoscenza. Quando riprese i sensi, circa una mezz'ora dopo, suonò alla sua donna da camera. Questa entrando sentì un forte odore di bruciato; avvicinandosi alla sua padrona, che appena poteva balbettare, constatò al polso una bruciatura così profonda che perfino l'osso era scoperto e la carne quasi tutta consumata; questa bruciatura aveva la larghezza di una mano d'uomo. In più, ella notò che dalla porta del salone fino al letto, e dal letto alla stessa porta, il tappeto portava l'impronta del passo di un uomo che aveva bruciato la trama da parte a parte. Per ordine della sua padrona, aprì la porta del salone: non c'erano altre tracce sul tappeto. Il giorno dopo, la sciagurata dama apprese, con terrore facile da immaginare, che la notte stessa, verso l'una del mattino, il suo *lord* era stato trovato ubriaco fradicio sotto la tavola, che i suoi servi lo avevano riportato nella sua camera e che era così spirato tra le loro braccia. Io ignoro, aggiunge il superiore, se questa terribile lezione abbia convertito l'infortunata; ma ciò che so è che ella ancora vive; solo, per nascondere agli sguardi le tracce della sua sinistra bruciatura, porta al polso sinistro, a guisa di braccialetto, una larga benda dorata che non toglie mai, né di giorno né di notte. Lo ripeto, ho appreso tutti questi dettagli da un suo parente prossimo, serio cristiano, sulla cui parola io ripongo la massima fiducia. Nella stessa famiglia non se ne parla però mai, ed io stesso che ve lo confido, tengo tutto per me». Malgrado il velo con il quale è stata circondata questa apparizione, mi sembra impossibile metterne in dubbio la terribile autenticità. E certamente non si avrebbe bisogno della dama dal braccialetto d'oro per provare che esiste l'inferno.

La meretrice di Roma

ell'anno 1873, qualche giorno prima dell'Assunzione, ebbe luogo a Roma una di queste terribili apparizioni dall'oltretomba, che corroborano così efficacemente la verità dell'inferno. In una di queste case malfamate che l'invasione sacrilega del territorio temporale del Papa ha fatto aprire a Roma in tanti luoghi, una disgraziata ragazza, feritasi ad una mano, deve essere trasportata all'ospedale della Consolazione. O a causa del suo sangue infetto, o per inattese complicazioni, essa muore repentinamente durante la notte. Nello stesso istante, una delle compagne, che ignora completamente ciò che sta succedendo in ospedale, si mette a gridare disperatamente, al punto da svegliare gli abitanti del quartiere e mettere in subbuglio tutte le miserabili creature di questa casa, provocando addirittura l'intervento della polizia. La morta dell'ospedale le era apparsa circondata da fiamme e le aveva detto: «Io sono dannata, e se tu non vuoi finire come me, esci da questo luogo infame, e torna a Dio che hai abbandonato». Niente può calmare la disperazione ed il terrore di questa giovane che si lamenta fin dall'alba del giorno, lasciando tutta la casa piombare nello stupore, dal momento che si è risaputo della morte della sventurata in ospedale. Da questo episodio, la *"maîtresse"* del luogo, una garibaldina esaltata, e conosciuta per tale dai suoi fratelli ed amici, si ammala. Fa così subito domandare del

curato della vicina chiesa, San Giuliano dei Banchi. Prima di recarsi in una tale abitazione, il venerabile prete consulta l'Autorità ecclesiastica, la quale affida questo compito ad un degno prelato, Mons. Sirolli, curato della parrocchia di San Salvatore in Lauro. Costui, munito di speciali istruzioni, si presenta e per prima cosa pretende dalla malata, alla presenza di numerosi testimoni, di ritrattare gli scandali della sua vita, le blasfemie contro l'autorità del Sovrano Pontefice, e tutto il male che aveva fatto al prossimo. La disgraziata lo fa senza esitazioni, si confessa e riceve il Santo Viatico con gran professione di pentimento e di umiltà. Sentendo che la morte si approssima, supplica nelle lacrime il buon curato di non abbandonarla, spaventata com'è da tutto ciò che è accaduto in quei giorni. Approssimandosi la notte, Mons. Sirolli, diviso dall'incertezza di restare, per un atto di carità, al capezzale della morente, o di andar via per non passare la notte in tale luogo, fa richiesta alla polizia di due agenti, che vengono, chiudono la casa e passano tutto il tempo fino all'ultimo respiro dell'agonizzante. Tutta Roma conobbe ben presto tutti i dettagli di questo tragico avvenimento. Come sempre gli empi ed i libertini si presero beffe, guardandosi bene dal trarne insegnamento, i buoni ne profittarono per diventare migliori ed ancora più fedeli ai loro doveri. Davanti a questi fatti, il cui elenco potrebbe essere molto più lungo, io chiedo al lettore di buona fede se sia ragionevole ripetere, con la folla degli stolti, la famosa frase stereotipata: «Se veramente esiste un inferno, com'è che non ne è mai tornato nessuno?». Ma quando anche, a torto o a ragione, non si vorrebbero ammettere i fatti, per altro veritieri, che io ho riportato, la certezza assoluta dell'inferno non sarebbe meno incrollabile. In effetti la nostra fede nell'inferno non riposa su questi fatti prodigiosi, che non sono di fede, ma sulle ragioni di buon senso che noi sempre esponiamo e, soprattutto, sulla testimonianza divina, infallibile di Gesù Cristo, dei suoi Profeti e dei suoi Apostoli, così come sull'insegnamento formale, invariabile, inviolabile della Chiesa Cattolica. I prodigi possono corroborare la nostra fede e ravvivarla, ecco perché ci siamo sentiti in dovere di citarne qui qualcuno, capaci come sono oltretutto di chiudere la bocca a coloro che osano affermare: «L'inferno non c'è», e di confermare nella fede quelli che sarebbero tentati di chiedersi; «Ma c'è un inferno?», ed infine di consolare ed illuminare ancor più tutti i buoni fedeli che dicono con la Chiesa: «L'inferno certamente c'è!».

Molti si sforzano di negare l'esistenza dell'inferno

nnanzitutto, la maggior parte di questi vi sono troppo direttamente interessati. I ladri, potendo, distruggerebbero la gendarmeria; allo stesso modo, se tutte le persone che *"accusano il colpo"*, sono sempre disposte a fare il possibile e l'impossibile per persuadersi che l'inferno non esiste, soprattutto un inferno di fuoco, essi sentono, che se ce n'è uno, questo è per loro stessi. Essi fanno come i vigliacchi, che cantano a squarciagola nella notte oscura al fine di stordirsi e non sentire troppo la paura che li attanaglia. Per darsi ancora più coraggio, essi cercano di persuadere gli altri che l'inferno non esiste; essi lo descrivono nei loro libri più o meno scientifici e filosofici; essi lo ripetono in alto ed in basso, in tutti i toni, confortandosi gli uni gli altri, e, grazie a questo concerto chiassoso, finiscono per credere che nessuno più vi creda, e di conseguenza abbiano il diritto di non crederci nemmeno essi. Tali furono, nell'ultimo secolo, quasi tutti i capi dell'incredulità *volterriana*. Essi avevano stabilito come A più B che non ci fosse Dio, né Paradiso, né inferno; essi erano sicuri del fatto loro. E nonostante che la storia sia là, a dimostrare che tutti, gli uni dopo gli altri, in preda ad un orribile panico al momento della morte, abbiano ritrattato, si siano confessati, chiedendo perdono a Dio ed agli uomini. Uno di essi, Diderot, scriveva dopo la morte di Alambert: «Se non fossi stato colà, egli avrebbe fatto il "tuffo"

come tutti gli altri!». E anche per lui, poco è mancato, che abbia chiesto un prete. Tutti sanno come Voltaire, sul letto di morte avesse due o tre volte insistito perché gli si andasse a cercare il curato di San Sulpizio; i suoi accoliti lo circondarono però così bene che il prete non poté giungere fino al moribondo, che così spirò in un eccesso di rabbia e disperazione. È visibile ancora a Parigi la camera ove accadde questa tragica scena. Coloro che gridano più forte contro l'inferno, ci credono spesso più di noi altri. Al momento della morte, però, la maschera cade e si vede cosa c'era sotto. Non ascoltiamo pertanto i ragionamenti troppo interessati che detta loro la paura. In secondo luogo, è la corruzione del cuore che fa negare loro l'esistenza dell'inferno. Quando non si vuole lasciare la vita cattiva che si conduce, si è automaticamente sempre portati a dire, se non a credere, che esso non esiste. Ecco un uomo, di cui il cuore, l'immaginazione, i sensi, le abitudini quotidiane sono impegnati, assorbiti da un amore colpevole. Egli ne è completamente immerso; sacrifica tutto: andategli dunque a parlare dell'inferno! Parlereste ad un sordo. E se talvolta, attraverso le crisi della passione, la voce della coscienza e della fede si fa sentire, ben presto egli impone il silenzio, non volendo più ascoltare la verità né dentro né fuori. Tentate di parlare dell'inferno a questi giovani libertini che popolano la maggior parte dei nostri licei, dei nostri negozi, delle nostre officine, delle nostre caserme: essi vi risponderebbero con dei fremiti di collera e accanimenti diabolici, più potenti per essi che non gli argomenti della fede e del buon senso. Essi "non vogliono" che esista l'inferno. Io poco tempo fa ne ho visto uno dal quale mi aveva condotto un barlume di fede. Io lo esortavo, come meglio potevo, a non disonorarsi come faceva, a vivere da cristiano, da uomo e non come una bestia. «Tutto è molto bello e buono, mi rispondeva, e forse è anche vero; ma ciò che io so è che quando questo mi prende, io divento furioso come un pazzo; non capisco più niente, non vedo più niente, e non c'è Dio né inferno che tenga. Se esiste l'inferno, bene, io ci andrò, questo mi è indifferente». Poi non l'ho più rivisto. E gli avari, gli usurai? E i ladri? Quanti argomenti irresistibili essi trovano per controbattere l'esistenza dell'inferno! Rendere ciò che hanno preso! Mollare il loro oro, i loro scudi! «Piuttosto mille morti, piuttosto l'inferno, se è vero che ce n'è uno!», mi diceva un vecchio usuraio normanno, usuraio a settimana, che anche davanti alla morte, non poteva decidersi a lasciare il malloppo. Egli aveva acconsentito, non si sa come, a restituire tali e grosse somme; ma doveva ancora restituire solo otto franchi e cinquanta centesimi: mai il curato poté ottenerle. Il disgraziato morì senza Sacramenti. Per il suo cuore di avaro, la misera somma di otto franchi e cinquanta centesimi sarebbero stati sufficienti per sfuggire all'inferno. Così è per tutte le violente passioni: l'odio, la vendetta, l'ambizione, certe esaltazioni dell'orgoglio. Essi non vogliono sentir parlare dell'inferno. Per negarne l'esistenza, mettono in gioco tutto e più niente conta per loro. Tutta questa gente, quando viene messa con le spalle al muro, magari mediante qualche buona ragione che abbiamo esposto in precedenza, si getta sui morti, sperando così di sfuggire ai viventi. Essi immaginano e dicono che crederebbero all'inferno se qualche morto resuscitasse davanti a loro, ed affermasse che esiste veramente. Pure illusioni, che Nostro Signore Gesù Cristo si è dato Egli stesso la pena di confutare, come andremo a vedere.

Qualora i morti ritornassero più spesso?

Un giorno, Nostro Signore, passava per Gerusalemme, non lontano da una casa di cui ancora oggi si vedono le fondamenta, e che era appartenuta ad un giovane fariseo molto ricco. Costui era morto da un po' di tempo. Senza nominarlo, Nostro Signore prese occasione da quel che era accaduto per istruire i suoi discepoli e la moltitudine di gente che Lo seguiva. «C'era - Egli dice - un uomo che era ricco, vestito di porpora e di lino, e che ogni giorno faceva splendidi banchetti. Alla sua porta giaceva un povero mendicante, chiamato Lazzaro, coperto di piaghe, che avrebbe ben volentieri voluto saziarsi con le briciole cadute dalla tavola del ricco, ma nessuno gliene dava. Ora giunse il giorno che il povero morì; egli fu portato dagli Angeli nel *seno di Abramo* (cioè nel Limbo dei giusti). Il ricco morì a sua volta; e fu cacciato all'inferno. E là, in mezzo ai suoi tormenti, avendo alzato gli occhi, scorse da lontano Abramo, e Lazzaro nel suo seno. Egli allora si mise a gridare e a dire: "Abramo, padre mio, abbiate pietà di me, e mandatemi Lazzaro che bagni l'estremità del dito nell'acqua perché mi rinfreschi un poco la lingua, poiché io soffro crudelmente in queste fiamme". "Figlio mio, gli rispose Abramo, ricordati che durante la vita hai avuto la tua parte di godimenti, e Lazzaro, di sofferenze. Ora egli è consolato, mentre tu soffri". "Almeno, replicò l'altro, vi prego, nella casa di mio padre, io ho cinque fratelli; egli dirà loro che qui si soffre, affinché non sprofondino anch'essi, come me, in questo luogo di tormenti". E Abramo gli rispose: "Essi hanno Mosè ed i Profeti, che li ascoltino". "No, padre mio, replicò il dannato, questo non è sufficiente. Ma se essi vedranno qualcuno tra i morti, allora essi faranno penitenza". E Abramo gli disse: "Se essi non ascoltano Mosè e i Profeti, non crederanno neppure alle parole di un uomo tornato dai morti"». Quella parola grave del Figlio di Dio è la risposta anticipata a tutte le illusioni di persone che, per credere all'inferno e per convertirsi, chiedono resurrezioni e miracoli. Anche se abbondassero intorno ad essi miracoli di qualsiasi natura, comunque non crederebbero. Testimoni i giudei che, alla vista di tutti i miracoli del Salvatore, ed in particolare della resurrezione di Lazzaro a Betania, non trassero altra conclusione, se non questa qui: «Che fare? Ecco tutto il mondo Gli va dietro. Uccidiamolo». E più tardi, davanti ai quotidiani miracoli pubblici, assolutamente incontestabili di San Pietro e degli altri Apostoli, essi ancora dissero: «Questi uomini fanno dei miracoli e noi non possiamo negarlo. Facciamoli arrestare e proibiamo loro di predicare ancora nel nome di Gesù». Ecco cosa producono di solito i miracoli e la resurrezione dai morti nelle persone il cui spirito e cuore è corrotto. E quante volte questo si è ripetuto come nella confessione sconvolgente sfuggita a Diderot, uno degli empi più sfrontati dell'ultimo secolo. Diceva un giorno: «Se tutta Parigi mi dicesse di aver visto un morto resuscitato, io preferirei credere certamente che tutta Parigi sia diventata folle, piuttosto che ammettere un miracolo». Io lo so, anche tra i più malvagi, ci può essere una forza residua, ma in fondo le tendenze sono le stesse, c'è il partito preso, ed anche davanti all'evidenza, se un po' di buon senso residuo impedisce di dire assurdità, c'è una chiusura di indifferenza. Sapete cosa fare per non temere di aver paura dell'inferno? Bisogna vivere in modo tale che non se ne abbia timore. Vedete i veri cristiani, i cristiani casti, coscienziosi, fedeli a tutti i loro doveri: ad essi verrebbe mai in mente di dubitare dell'inferno? I dubbi vengono dal cuore, ben più che dall'intelligenza e, salvo rare eccezioni dovute all'orgoglio dell'ignoranza, l'uomo che conduce una vita appena corretta, non prova il medesimo bisogno di blaterare contro l'esistenza dell'inferno.

Superstizioni sull'inferno

 nnanzitutto scartiamo con cura le immaginazioni popolari e superstiziose che alterano in tanti spiriti la nozione vera e cattolica dell'inferno, e portano alla sua negazione. Si forgia un inferno di fantasia, un inferno ridicolo, e si dice: «Io non crederò mai a questo. È assurdo, impossibile, no, io non credo, non posso credere all'inferno!». In effetti se l'inferno fosse quel che sognano tante buone donne, voi avreste cento volte, mille volte di che non credere. Tutte queste invenzioni sono degne di figurare accanto ai racconti fantastici di cui si nutre spesso l'immaginazione popolare. E questo a volte succede anche in ciò che si insegna nelle chiese. E se talvolta, con il fine di impressionare meglio gli spiriti, qualche autore o predicatore ha creduto di poterle impiegare, la loro buona intenzione non impedisce che essi abbiano gran torto, visto che a nessuno è permesso il travestire la verità ed esporla alla derisione delle persone sensate, con il pretesto di far paura alle buone persone per meglio convertirle. Io lo so, molte volte si è fortemente imbarazzati quando si tratta di far comprendere alle moltitudini i terribili castighi dell'inferno, e come la maggior parte della gente ha bisogno di rappresentazioni materiali per concepire delle cose più elevate, ed è quasi necessario parlare dell'inferno e del supplizio dei dannati in maniera figurata. Ma è molto difficile

farlo con il senso della misura; e molto spesso, lo ripeto, con le migliori intenzioni, si cade nell'impossibile, per non dire nel grottesco. No, l'inferno non è questo, esso è ben altrimenti grande, ben altrimenti terribile. Andremo a vederlo.

La pena della dannazione

a dannazione è la separazione totale da Dio. Un dannato è una creatura totalmente e definitivamente privato del suo Dio. È lo stesso Nostro Signore che ci segnala la dannazione come la pena primaria e dominante dei dannati. Vi ricorderete i termini della sentenza che Egli pronuncerà contro essi al giudizio finale e che ora riportiamo: «Allontanatevi da me, maledetti, ed andate nel fuoco eterno che è stato preparato per il demonio e per i suoi angeli». Vedete come la prima parola della sentenza del Giudice sovrano, ci fa comprendere che il primo carattere dell'inferno, è la separazione da Dio, la privazione di Dio, la maledizione di Dio, in altri termini, la *dannazione* o *riprovazione*. La leggerezza dello spirito e la mancanza di fede viva, ci impediscono di comprendere in questa vita tutto ciò che la dannazione contiene come orrori, terrori e disperazioni. Noi siamo fatti per il buon Dio, e per Lui solo. Noi siamo fatti per Dio, come l'occhio è fatto per la luce, come il cuore è fatto per l'amore. In mezzo alle mille preoccupazioni del mondo, noi non lo comprendiamo più, non lo sentiamo, e veniamo distolti da Dio, nostro fine ultimo, da tutto ciò che ci circonda, da tutto ciò che noi vediamo, sentiamo, soffriamo ed amiamo. Ma dopo la morte, la verità riprende tutti i suoi diritti; ciascuno di noi si trova da solo davanti a Dio, davanti a Colui dal Quale e per il Quale è fatto, che solo può e deve essere la sua vita, la sua felicità, il suo riposo, la sua gioia, il suo amore, il suo tutto. Ora figuratevi cosa può essere lo stato di un uomo al quale manca tutto in un colpo solo, in modo assoluto e totale, la sua vita, la sua luce, la sua felicità, il suo amore, in una parola, ciò che è "tutto" per lui. Concepite questo vuoto immediato, assoluto, nel quale si inabissa un essere fatto per amare e per possedere Colui del Quale si vede privo? Un religioso della *Compagnia di Gesù*, il P. Surin, che le sue virtù, la sua scienza e le sue sofferenze hanno reso celebre nel diciassettesimo secolo, ha avvertito per quasi venti anni le angosce di questo stato raccapricciante. Per strappare una povera e santa religiosa alla possessione del demonio che aveva resistito a tre lunghi mesi di esorcismi, di preghiere e di austerità, il padre caritatevole si era spinto all'eroismo fino ad offrirsi egli stesso vittima se la misericordia divina si fosse degnata di esaudire le sue voci e liberare la sfortunata creatura. Egli fu esaudito; e Nostro Signore permise, per la santificazione del Suo servo, che il demonio prendesse possesso del suo corpo e lo tormentasse per lunghi anni. Nulla di più autentico dei fatti strani, pubblici, che segnalarono questa possessione del povero P. Surin, e che sarebbe troppo lungo riportare qui. Dopo la sua liberazione egli raccolse in uno scritto tutto quello che ricordava di questo stato soprannaturale nel quale il demonio, impossessandosi per così dire delle sue facoltà e dei suoi sensi, gli faceva sentire una parte delle impressioni e delle disperazioni del dannato. «Mi sembrava - egli dice - che tutto il mio essere, che tutte le potenze della mia anima e del mio corpo si portavano verso il Signore mio Dio, che io vedevo essere la mia felicità suprema, il mio bene infinito, l'unico oggetto della mia esistenza; e nello stesso tempo io sentivo una forza irresistibile che mi strappava a Lui, che mi teneva lontano da Lui; di modo che, fatto per vivere, io mi vedevo, mi sentivo privato di Colui che è la vita; fatto per le verità e la luce, io mi vedevo assolutamente respinto dalla verità; fatto per amare, io ero senza amore, rigettato dall'amore; fatto per il bene, io ero immerso nell'abisso del male. Io non saprei - egli aggiunge - comparare le angosce e le disperazioni di questa inesprimibile afflizione che somiglia allo stato di una freccia vigorosamente lanciata verso un bersaglio dal quale la respinge una forza invincibile; irresistibilmente portata in avanti, essa è sempre ed invincibilmente respinta indietro». E questo non è che una pallida simbologia di questa orribile realtà che si chiama la dannazione. La dannazione è necessariamente accompagnata dalla disperazione. È questo disperare che Nostro Signore chiama nel *Vangelo*: «*il verme*» che rode i dannati. Egli ci ripete che, in questa prigione di fuoco, il verme dei dannati non muore, «*ubi vermis eorum non moritur*». Questo verme dei dannati è il rimorso, è la disperazione. Esso è chiamato *verme* perché nell'anima peccatrice e dannata, esso nasce dalla corruzione del peccato, come nel cadavere i vermi corporali "nascono" dalla corruzione della carne. Ed ancora una volta, noi non possiamo farci che una pallida idea di ciò che è questo rimorso e questo disperare; in questo mondo, ove nulla è perfetto, il male è sempre mischiato al bene, ed il bene mischiato con qualche male; per quanto quaggiù le nostre disperazioni ed i nostri rimorsi possano essere violenti, essi sono sempre temperati da qualche speranza ed anche dall'impossibilità di sopportare la sofferenza quando essa oltrepassa un certo limite. Ma nell'eternità tutto è perfetto: se così si può dire, il male è, come il bene, perfetto, senza misture, senza speranze né possibilità di essere mitigato, come spiegheremo in seguito. I rimorsi ed il disperare dei dannati saranno completi, irrevocabili, irrimediabili, senza ombra di attenuazione, senza possibilità di addolcimento; quanto più assoluto possibile, perché il male assoluto non esiste. Figuratevi cosa possa essere questo stato di disperazione privo di ogni barlume di speranza! E questo pensiero così desolante: «Io mi sono perso per dei piaceri, perso per sempre ormai, per dei nonnulla, per delle bagattelle di un attimo! Mentre sarebbe stato così facile salvarmi eternamente, come tanti altri!». Alla vista dei beati, dice la Sacra *Scrittura*, i dannati saranno presi da un terrore spaventoso; e nella loro angoscia essi grideranno gemendo: «Dunque, ci siamo ingannati» - «*Ergo erravimus!*». «Noi abbiamo errato fuori dalla vera via. Noi ci siamo persi nelle strade dell'iniquità e della perdizione; non abbiamo riconosciuto la strada del Signore. A cosa ci sono serviti il nostro orgoglio, le nostre ricchezze ed i nostri piaceri? Tutto è passato come un'ombra. Ed eccoci perduti, ingoiati dalla nostra perversità! ». Ed il sacro Scrittore aggiunge quanto abbiamo già riportato più sopra: «Ecco ciò che dicono nell'inferno i peccatori riprovati». Alla disperazione essi aggiungono l'odio, questo altro frutto della maledizione: «Allontanatevi da me, maledetti!» E quale odio? L'odio di Dio! L'odio perfetto del Bene infinito, della Verità infinita, dell'eterno Amore, della Bontà, della Pace, della Saggezza, della Perfezione infinita, eterna! Odio implacabile e satanico, odio soprannaturale, che nel dannato assorbe tutte le potenze dello spirito e del cuore. Il dannato non potrebbe odiare il suo Dio se gli venisse concesso, come ai beati, di vederLo in Se stesso, con tutte le sue perfezioni e i suoi inenarrabili splendori. Ma certo non è nell'inferno che si vede Dio, i dannati non Lo vedono se non nei terribili effetti della Sua giustizia, cioè nei loro castighi; essi odiano Dio, come odiano i castighi che li tormentano, come odiano la dannazione, come odiano la maledizione. Nell'ultimo secolo a Messina, un santo prete esorcizzava un posseduto e domandava al demonio: «Tu chi sei? - Io sono l'essere che non ama Dio», rispose lo spirito malvagio. E a Parigi, in un altro esorcismo, il ministro di Dio,chiedendo al demonio: «Dove sei?». Questi con furore rispose: «Negli inferi, per sempre!». «Vorresti essere annientato?». «No, per poter così odiare Dio per sempre». Così potrebbe parlare ciascun dannato. Essi odiano eternamente Colui stesso che dovevano amare eternamente. «Ma - talvolta si dice - Dio è la bontà stessa. Come volete che Egli mi danni?». Non è Dio che danna, è il peccatore che si danna da se stesso. Nel terribile evento della dannazione, non è in causa la bontà di Dio, ma unicamente la Sua santità e la Sua giustizia. Dio è tanto santo quanto buono; e la Sua giustizia è infinita nell'inferno come infinite sono la Sua misericordia e la Sua bontà nel Paradiso. Non offendete la santità di Dio, e siete sicuri di non essere dannati. Il dannato ha quel che egli ha scelto, che egli ha scelto liberamente e malgrado tutte le grazie del Suo Dio. Egli ha scelto il male: egli ha il male; ora, nell'eternità, il male si chiama *inferno*. Se egli avesse scelto il bene, avrebbe avuto il bene, e lo avrebbe avuto eternamente. Tutto questo è perfettamente logico; e qui, come sempre, la fede si accorda meravigliosamente con la retta ragione e l'equità. Dunque ecco il primo carattere dell'inferno, il primo elemento di questa orribile realtà che si chiama inferno: la dannazione, con la maledizione divina, con la disperazione, con l'odio di Dio.

La pena del fuoco

N ell'inferno c'è il fuoco; questo è di fede rivelata. Ricordate le parole così chiare, così precise, così formali del Figlio di Dio: «Allontanatevi da me, maledetti, nel fuoco - *in ignem* - nella prigione di fuoco ove il fuoco non si spegnerà mai. Il Figlio dell'uomo manderà i suoi Angeli, e capiranno ciò che avranno fatto di male per essere gettati nella fornace di fuoco - *in camino ignis*». Parole divine, infallibili, che hanno ripetuto gli Apostoli, e che sono la base dell'insegnamento della Chiesa. Nell'inferno i dannati soffrono la pena del fuoco. Noi leggiamo nella storia ecclesiastica che due giovani che seguivano, nel terzo secolo, i corsi della celebre scuola di Alessandria in Egitto, erano entrati un giorno in una chiesa ove un prete predicava circa il fuoco dell'inferno, ed uno dei due si fece beffe, mentre l'altro, pieno di paura e di pentimento, si convertì, e poco tempo dopo si fece religioso per assicurarsi al meglio la salvezza. Dopo qualche tempo, il primo morì all'improvviso, ed il Signore permise che apparisse al suo vecchio compagno al quale disse: «La Chiesa predica la verità quando predica il fuoco eterno dell'inferno. I preti non hanno che un torto, quello di dire cento volte di meno di quel che ce n'è!».

Il fuoco infernale è soprannaturale

himé! Come, sulla terra, esprimere o anche solo concepire le grandi realtà eterne? I preti si danno gran da fare, il loro spirito e la loro parola si piegano sotto questo peso. Se del cielo è detto: «L'occhio non ha visto, l'orecchio non ha inteso, lo spirito dell'uomo non saprebbe comprendere ciò che Dio riserva a coloro che Lo amano», si può ugualmente, ed in nome della infinita giustizia, dire dell'inferno: «No, l'occhio umano non ha mai visto, né l'orecchio udito, né il suo spirito ha mai potuto, né potrà mai concepire ciò che la giustizia di Dio riserva ai peccatori impenitenti». «Io soffro, io soffro crudelmente in queste fiamme», gridava dal fondo dell'inferno il ricco malvagio del *Vangelo*. Per capire la portata di questa prima parola del riprovato: «Io soffro! - *Crucior!*», bisognerebbe capire la portata della seconda: «In questa fiamma - *in hac flamma*», il fuoco di questo mondo è imperfetto come tutto ciò che è di questo mondo, e le nostre fiamme materiali non sono, malgrado la loro potenza spaventosa, che un misero simbolo di queste fiamme eterne, delle quali parla il *Vangelo*. È possibile esprimere, senza restare molto al di sotto della verità, l'orrore della sofferenza che proverebbe un uomo che sarebbe, anche solo per qualche minuto, gettato nella fornace ardente, supponendo che possa sopravvivere? È possibile, io vi do-

mando? Evidentemente no. Che dire allora di questo fuoco tutto soprannaturale, di questo fuoco eterno, i cui orrori non si possono paragonare a nulla? Nondimeno stando noi nel tempo e non nell'eternità, occorre servirci delle piccole realtà di questo mondo, così infime ed imperfette, per elevarci un po' alle realtà invisibili ed immense dell'altra vita. Occorre, mediante la considerazione dell'indicibile sofferenza che produce quaggiù il fuoco terrestre, impressionare noi stessi, per non cadere negli abissi del fuoco dell'inferno.

Il giovane libertino

cco come un giorno volle far toccare con mano, ad un giovane libertino, un santo missionario dell'inizio del secolo, celebre in tutta la Francia per il suo zelo apostolico, la sua eloquenza, la sua virtù, ed un po' anche per le sue originalità. Il Padre de Bussy dava, in una grande città del Sud, una importante missione che impressionò tutta la popolazione. Si era nel cuore dell'inverno, si avvicinava il Natale, e faceva gran freddo. Nel salone ove il Padre riceveva gli uomini, c'era una stufa con un bel fuoco. Un giorno il Padre vede arrivare un giovane, che gli era stato segnalato per la sua vita disordinata e le sue empie fanfaronate. Il Padre de Bussy comprende presto che non c'è molto da discutere con lui. «Venite qui, mio buon amico, gli dice con gaiezza, non abbiate paura, io non confesso le persone che non lo vogliono, sedetevi là, facciamo due chiacchiere e intanto riscaldiamoci». Egli apre la stufa, e si accorge che la legna si è quasi tutta consumata. «Ah, prima di sedervi, portatemi qui uno o due tocchetti di legna», dice al giovane. Questi, un po' perplesso, fa quanto il Padre gli chiede. «Ora, metteteli qua nella stufa, ben in fondo». Appena il giovane mette la legna nella stufa, il P. de Bussy, gli afferra improvvisamente le braccia e le spinge in fondo alla stufa. Il giovane lancia un grido e salta dietro. «Ah! - grida - ma siete matto? Così mi bruciate!». «Ma cosa

avete, caro mio», riprende il Padre tranquillamente. «Ma io lo faccio per farvi abituare! Dovete sapere che nell'inferno, dove andrete se continuate a vivere come fate, non saranno solo le punta delle dita a bruciare nel fuoco, ma tutto il vostro corpo; e questo fuocherello qui, non è nulla a paragone dell'altro. Andiamo, andiamo, amico caro, coraggio, bisogna abituarsi a tutto». Il giovane, naturalmente, cerca di ritrarre le braccia, ma il Padre ancora fa resistenza. «Povero figlio mio - gli dice allora il P. de Bussy cambiando tono - rilassatevi un po'; non è meglio ogni cosa dell'andare a bruciare eternamente nell'inferno? E il sacrificio che Dio vi chiede per farvi evitare un supplizio così terribile, non è in realtà ben poca cosa?». Il giovane libertino se ne va frastornato e pensieroso; egli rifletté così bene che non tardò poco tempo dopo a tornare dal missionario che lo aiutò a scaricarsi dalle sue colpe ed a rientrare nei costumi di una buona vita. Io sono certo che su mille, duemila uomini che vivono lontano da Dio, e di conseguenza sulla strada dell'inferno, non ce n'è uno che resisterebbe alla *"prova del fuoco"*. Non ci sarebbe nessuno così folle da accettare una tale contropartita: per l'intero anno tu potrai abbandonarti impunemente a tutti i piaceri, a saziare le tue voglie, a soddisfare tutti i capricci, a condizione di trascorrere un giorno, o anche solamente un'ora, nel fuoco. Nessuno accetterebbe la condizione, ne volete una prova? Eccola, ascoltate!

I figli di un vecchio usuraio

n padre di famiglia, che si era arricchito con traffici illeciti, si era ammalato gravemente. Egli sapeva che la cancrena era già iniziata alle sue piaghe e nondimeno non poteva decidersi a restituire il maltolto. «Se io restituisco - diceva - cosa diventeranno i miei figli?». Il suo curato, un uomo di spirito, per salvare questa povera anima, mette in atto un curioso stratagemma. Egli gli dice che, affinché possa guarire, «può suggerirgli un rimedio estremamente semplice, ma caro, molto caro». «Dovessi infatti sborsare anche mille, due mila o dieci mila franchi, che importa! Risponde prontamente il vecchio; e in cosa consiste questo rimedio?». «Esso consiste nel far colare sulla zona cancrenosa delle piaghe, il grasso di una persona vivente. Non sarà necessario molto tempo: se voi trovate qualcuno che per diecimila franchi voglia lasciarsi bruciare la mano per meno di un quarto d'ora, questo sarà possibile». «Ahimè! Dice il povero uomo sospirando, io credo di non trovare nessuno che lo voglia fare». «Ecco un metodo, dice il curato tranquillamente: fate venire qui il vostro figlio primogenito, egli vi ama, deve essere il vostro erede! E ditegli: "Mio caro figlio, tu puoi salvare la vita al tuo vecchio padre se acconsenti a lasciarti bruciare una mano solo per meno di un quarto d'ora". Se egli rifiuta, fate la proposta al secondo, impegnandovi a lasciarlo erede al posto

del fratello primogenito. Se anch'egli rifiuta, sicuramente il terzo accetterà». La proposta così fu fatta ai tre fratelli che, uno dopo l'altro, rifiutarono con orrore. Allora il padre disse loro: «E che, per salvarmi la vita, un momento di dolore vi spaventa? Ed io per procurarvi l'agiatezza dovrei bruciare eternamente nell'inferno? In verità sarei un folle». E si convinse così a restituire tutto ciò che doveva, senza aver pensiero di cosa sarebbe accaduto ai suoi figli. Egli ebbe certamente ragione, così come i suoi figli. Lasciarsi bruciare una mano, per nemmeno un quarto d'ora, fosse anche per salvare la vita al padre, è un sacrificio troppo superiore delle forze umane. E questo, come già detto, che cos'è a paragone delle anime che bruciano nel fuoco dell'inferno?

Non andate all'inferno

Nel 1814, io ho conosciuto al Seminario di San Sulpicio, a Issy, vicino Parigi, un professore di scienze naturali veramente in gamba, del quale ognuno ammirava l'umiltà e la mortificazione. Prima di farsi prete, l'Abate Pinault era stato uno dei professori più eminenti dell'*Istituto politecnico*. Al Seminario egli teneva il corso di fisica e di chimica. Un giorno, durante un esperimento, dal fosforo che egli stava manipolando, non si sa come, si sprigionò del fuoco, ed in un istante la sua mano si trovò avvolta dalle fiamme. Nell'arco di pochi minuti, la sua mano si trasformò in una massa informe, incandescente, e le unghie sparite. Vinto dall'eccesso di dolore, il malcapitato perse conoscenza. Gli si infilò la mano e il braccio in un catino d'acqua fredda per tentare di attenuare almeno un po' la violenza di questo martirio. Per tutto il giorno e la notte egli non fece che gridare con grida irresistibili e laceranti, e quando, per qualche istante, poteva articolare qualche parola, diceva e ripeteva ai tre o quattro seminaristi che lo assistevano: «O figli miei, figli miei, non andate all'inferno, non andate all'inferno!». Lo stesso grido di dolore e carità sacerdotale venne emesso, nel 1857, dalle labbra, o piuttosto dal cuore di un altro Prete, in una circostanza analoga. Vicino a Pontivy, diocesi di Vanner, un giovane Vicario, nominato Laurent, si getta nelle fiamme di

un incendio per salvare una sfortunata madre di famiglia con due bambini: egli si lancia in due o tre riprese, con un coraggio ed una carità eroici, dal lato dove provenivano le grida dei malcapitati, avendo così la gioia di trarre, sani e salvi, i due bambini, fuori dalle fiamme. La madre però ancora resta imprigionata e nessuno osa affrontare la violenza delle fiamme che aumentano di minuto in minuto. Dando ascolto solo alla sua carità, l'Abate Laurent ancora una volta si lancia nel fuoco e riesce a trarla fuori dalle fiamme, folle di terrore. Nello stesso momento il tetto crolla; il santo Prete, sconvolto, rotola in mezzo alle macerie infuocate; chiamati i soccorsi a mala pena si riesce a sottrarlo ad una morte immediata. Ma ahimè, è troppo tardi, il povero prete è già colpito mortalmente; ha respirato le fiamme, il fuoco comincia a bruciargli interiormente e lo divorano inesprimibili sofferenze. Niente da fare, il fuoco interiore continua a far danni e, in capo a qualche ora, il martire della carità giunge in cielo a ricevere la ricompensa del suo atto eroico. Anche lui, durante la sua raccapricciante agonia, gridava a coloro che lo circondavano: «Amici miei, figli miei, non andate all'inferno, non andate all'inferno! … è spaventoso, in questo modo si brucia nell'inferno».

Il fuoco corporale

i si domanda spesso che cos'è questo fuoco dell'inferno; quale sia la sua natura, se sia un fuoco materiale o se invece sia unicamente spirituale, e molti propendono per questa ultima opinione, perché in fondo questa li spaventa di meno. San Tommaso non è però dello stesso avviso, come d'altra parte la teologia cattolica. Come diciamo sempre, è *di fede* che il fuoco dell'inferno è un fuoco reale e vero, un fuoco inestinguibile, un fuoco eterno, che brucia senza consumare, che penetra gli spiriti così come i corpi. Ecco ciò che è rivelato da Dio ed insegnato come articolo di fede dalla Chiesa di Dio. Il negarlo, sarebbe non soltanto un errore, ma una empietà ed un'eresia propriamente detta. Ma ancora una volta: di che natura è il fuoco che brucia nell'inferno? È un fuoco corporale? È della medesima specie della nostra? È il principe della teologia, San Tommaso, che ci risponde con la sua chiarezza e profondità ordinaria. Egli nota innanzitutto che i filosofi pagani, che non credevano alla resurrezione della carne, e che nondimeno ammettevano, con la tradizione intera del genere umano, un fuoco vendicatore nell'altra vita, dovevano insegnare, ed insegnavano in effetti, che questo fuoco era spirituale, della stessa natura delle anime. Il razionalista moderno, che tende ad infestare tutte le intelligenze, e che minimizza i dati della fede quanto più gli è

possibile, ha fatto inclinare verso questo sentimento un gran numero di spiriti, poco istruiti degli insegnamenti cattolici. Ma il gran Dottore, dopo aver esposto questo primo sentimento, dichiara francamente che: «Il fuoco dell'inferno sarà corporale». E la ragione che ne dà è perentoria: «Infatti, dopo la resurrezione, i riprovati vi saranno nuovamente precipitati, ed i corpi non possono subire che una pena corporale, quindi il fuoco dell'inferno sarà corporale. Una pena non potrebbe essere applicata al corpo se fosse spirituale». E san Tommaso appoggia il suo insegnamento su quello di San Gregorio Magno e di Sant'Agostino, che dicono la stessa cosa nei medesimi termini. «Non di meno si può dire - aggiunge il gran Dottore - che questo fuoco corporale abbia qualcosa di spirituale, non quanto alla sua sostanza, ma quanto ai suoi effetti; perché punendo il corpo, non lo consuma, non lo distrugge, non lo riduce in cenere, ed inoltre esso esercita la sua azione vendicativa fin sulle anime. In questo senso il fuoco dell'inferno si distingue dal fuoco materiale, che brucia e consuma i corpi».

Il fuoco che colpisce anche le anime

i si chiederà, forse, come il fuoco dell'inferno possa interessare delle anime che, fino al giorno della resurrezione e del giudizio finale, restano separate dal loro corpo. Occorre rispondere innanzitutto, che, in questo terribile mistero delle pene dell'inferno, un conto è conoscere chiaramente la verità di ciò che è, altra cosa è comprenderla. Noi sappiamo in modo positivo ed assoluto, secondo l'insegnamento infallibile della Chiesa, che, immediatamente dopo la morte, le anime cadono nell'inferno e nel fuoco dell'inferno. Ora questo non può che intendersi per le anime, poiché fino alla resurrezione i loro corpi restano affidati alla terra nella tomba. Una volta separato dal suo corpo, l'anima del riprovato si trova relativamente all'azione misteriosa del fuoco dell'inferno, nella condizione dei demoni. I demoni, in effetti, benché non abbiano un corpo, subiscono i tormenti del fuoco nel quale saranno un giorno gettati i corpi dei dannati, come indicano espressamente le sentenze del Figlio di Dio sui riprovati: «Allontanatevi da me, maledetti! Andate nel fuoco eterno che è stato preparato per il demonio ed i suoi angeli». Ora questo fuoco è corporale, perché altrimenti non attecchirebbe sui corpi dei riprovati. Dunque l'anima separata dal corpo, l'anima del riprovato, subisce le azioni di un fuoco corporeo. Ecco ciò che sappiamo con certezza. Ciò che non

sappiamo è il "come", ma per credere non abbiamo bisogno di sapere, le verità rivelate da Dio hanno come fine il chiarire il nostro spirito e nel contempo di restare nella dipendenza e sottomissione. *Per fede* noi siamo certi della realtà del fatto: ci è sufficiente vedere che la cosa non sia impossibile. Ora il ragionamento e l'analogia ce lo fanno vedere chiaramente: non siamo forse noi stessi in ogni istante i testimoni irrecusabili dell'azione non solo reale, ma intima, incessante, che il nostro corpo esercita sulla nostra anima? Il nostro corpo, che è sostanza materiale sulla nostra anima, che è una sostanza spirituale? Dunque è perfettamente possibile che una sostanza materiale, come lo è il fuoco dell'inferno, agisca su di una sostanza spirituale, come è l'anima del riprovato.

Il capitano dai baffi grigi

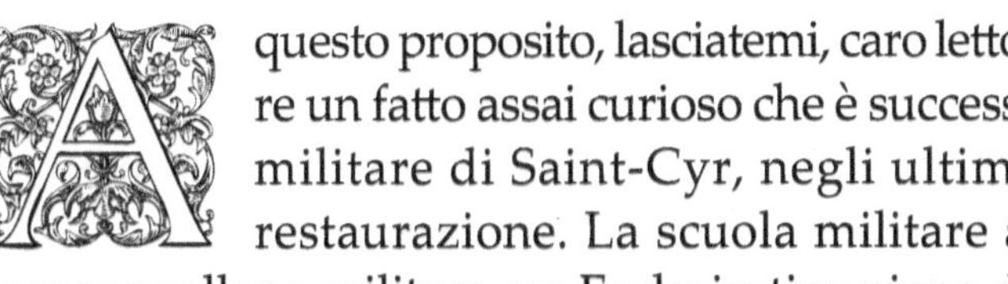A questo proposito, lasciatemi, caro lettore, raccontare un fatto assai curioso che è successo alla scuola militare di Saint-Cyr, negli ultimi anni della restaurazione. La scuola militare aveva allora per cappellano militare, un Ecclesiastico pieno di spirito e di talento, che aveva il nome bizzarro di Rigolot. Egli predicava un bel ritiro ai giovani della Scuola, che ogni sera si riunivano in cappella prima di salire in dormitorio. Una sera, dopo che il cappellano ha predicato parlando in modo mirabile dell'inferno, a cerimonia conclusa, si ritira, con un candeliere in mano, nel suo appartamento, situato in un'ala riservata agli ufficiali. Nel momento in cui apre la porta, si sente chiamare da qualcuno che lo ha seguito lungo le scale. Si tratta di un vecchio capitano, dai baffi grigi, e dall'aria poco fine. «Pardon, signor cappellano, egli dice, con voce un po' ironica; voi avete fatto un bel sermone sull'inferno. Solo avete dimenticato di dire se nel fuoco dell'inferno si verrà arrostiti, messi alla griglia, o bolliti. Potreste dirmelo?». Il cappellano, vedendo con chi ha a che fare, lo fissa nelle pupille, e mettendogli il candelabro sotto il naso, gli risponde tranquillamente: «Voi, questo lo vedrete, capitano»! E chiude la porta senza potersi trattenere dal sorridere un po' della figura goffa e buffa del povero capitano. Egli non ci pensa più, ma, a partire da quel momento, gli

sembra di avvertire il capitano come se gli giri i tacchi quanto più lontano può, ogni volta che lo vede. Sopraggiunge poi la rivoluzione di luglio, la figura del cappellano militare viene soppressa, sia quella di Saint-Cyr che di tutte le altre. L'Abate Rigolot è nominato dall'Arcivescovo di Parigi ad occupare un altro incarico non meno onorevole. Una ventina di anni dopo, il venerabile Prete si trova una sera in un salone con numerose personalità civili, quando gli si avvicina una vecchio "baffo bianco" che lo saluta, domandandogli se non sia l'Abate Rigolot, già cappellano di Saint-Cyr. E alla sua risposta affermativa: «Oh! monsignor cappellano, gli dice emozionato il vecchio militare, permettetemi di stringervi la mano ed esprimervi tutta la mia riconoscenza: voi mi avete salvato!». «Io?! E come mai?». «Ah, voi non mi riconoscete? Vi ricordate che una sera il capitano istruttore della scuola, all'uscita da un sermone sull'inferno, vi aveva posto una domanda ridicola, e voi gli avete risposto, mettendogli sotto il naso il vostro candelabro, dicendo: "Voi lo vedrete, capitano"? Quel capitano ero io! Figuratevi che da quel momento queste parole mi hanno perseguitato dappertutto, con il pensiero di dover andare a bruciare nell'inferno. Io ho lottato dieci anni, ma alla fine mi sono arreso, sono andato a confessarmi, sono diventato cristiano, cristiano secondo l'uso militare, cioè tutto d'un pezzo. È a voi che devo questa felicità; sono ben contento di rincontrarvi per potervelo dire». Sì mio caro lettore, se mai vi dovesse capitare di ascoltare qualche maligno buontempone porre delle domande strampalate sull'inferno, rispondetegli come l'Abate Rigolot: «Voi lo vedrete, mio caro amico, voi lo vedrete». Vi garantisco che non avranno la tentazione di andarvi per vedere!

La mano bruciata di Foligno

erta è una cosa, che, nei riguardi del fuoco dell'altra vita, tutte le volte che Dio ha permesso ad una povera anima riprovata di manifestarsi, o ad un'anima del Purgatorio di apparire sulla terra e di lasciare una traccia visibile, questa traccia è sempre stata quella del fuoco. Ricordate anche ciò che già più in alto abbiamo riportato, la terribile apparizione di Londra, del braccio carbonizzato della donna col braccialetto e del tappeto bruciato. Ricordate l'atmosfera di fuoco e fiamme che avvolgeva la ragazza perduta di Roma ed il giovane religioso sacrilego di cui ci ha parlato Sant'Antonino di Firenze. In questo stesso anno in cui vi parlo, nel mese di aprile, io stesso ho visto e toccato a Foligno, vicino ad Assisi, in Italia, una di queste impressionanti impronte di fuoco, che ancora una volta di più attesta la verità di quanto andiamo qui dicendo: che il fuoco dell'altra vita è un fuoco reale. Il 4 novembre del 1859, morì di apoplessia fulminante nel convento del Terziarie francescane di Foligno, una buona suora, di nome Teresa Margherita Gesta, da lungo tempo maestra delle novizie ed incaricata del povero vestiario del monastero. Essa era nata in Corsica, a Bastia, nel 1717, ed era entrata al monastero nel febbraio del 1826. Inutile dire che era ben preparata alla morte. Dodici giorni dopo, il 17 novembre, una suora di nome Anna-Felicia, che l'aveva assisti-

ta nel suo incarico e che, dopo la sua morte, era rimasta sola ad espletarlo, sale al vestiario e sta per entrarvi, quando intende dei gemiti che sembrano venire dall'interno della camera; un po' spaventata, si accinge ad aprire la porta: non c'è nessuno! Ma nuovamente si fanno sentire dei gemiti, e tanto accentuati che, malgrado il suo coraggio ordinario, ella si sente invadere dalla paura. «O Gesù e Maria! Gridò, ma cosa succede?». Non ha nemmeno finito, che sente una voce flebile, accompagnata da un sospiro doloroso: «Oh! Mio Dio!, come soffro! Oh, Dio, che tanta pena!». La suora, stupefatta, riconosce subito la voce della povera suor Teresa. Si riprende come meglio può e domanda: «E perché?». «A causa della povertà, risponde suor Teresa». «Ma come! - Riprende la piccola suora, proprio voi che eravate così povera!». «Non è stato per me, ma per le suore alle quali ho lasciato troppa libertà a questo riguardo. Ed anche tu, riguardati e bada a te stessa». In quello stesso istante tutta la sala si riempie di un fumo denso e l'ombra di suor Teresa appare dirigersi verso la porta scivolando lungo il muro. Giunta vicino alla porta, ella grida con forza: «Ecco una testimonianza della misericordia di Dio!». E, ciò dicendo, colpisce il pannello più alto della porta, lasciandovi incisa nel legno carbonizzato l'impronta più perfetta della sua mano destra; poi sparisce. La povera suor Anna-Felicia resta mezza morta dallo spavento. Tutta agitata comincia a gridare ed a invocare soccorso. Accorre una delle sue compagne, poi un'altra, poi tutta la comunità; si avvicinano ad essa, meravigliandosi dell'odore di legno bruciato. Cercano, guardano, e sulla porta intravedono la terribile impronta e vi riconoscono subito la forma della mano di suor Teresa, la quale era notevolmente minuta. Spaventate scappano via, corrono al coro, si mettono in preghiera e, dimenticando anche i bisogni corporali, trascorrono tutta la notte a pregare, a singhiozzare ed a far penitenza per la povera defunta, e l'indomani vanno tutte a comunicarsi per lei. La notizia si sparge fuori dal monastero: i Frati minori, i buoni Preti amici del monastero e tutti i cittadini dalla città uniscono le loro preghiere e le suppliche a quelle dei Francescani. Questo slancio di carità ha qualcosa di soprannaturale e di particolarmente insolito. Intanto, suor Anna-Felicia, ancora tutta sconvolta per l'emozione, riceve l'ordine formale di andare a riposarsi. Ella obbedisce, ben decisa a far sparire ad ogni costo, l'indomani mattina, l'impronta carbonizzata che rende sgomenta tutta Foligno. Ma ecco che suor Teresa Margherita le appare nuovamente. «Io so cosa tu vuoi fare, le dice con severità, tu vorresti togliere il segno che io ho lasciato. Sappi che non è in tuo potere il farlo, essendo questo prodigio stato ordinato da Dio come insegnamento ed ammonimento per tutti. Per il Suo giusto e terribile giudizio, io ero condannata a subire per quaranta anni le spaventose fiamme del Purgatorio, a causa della debolezza che spesso avevo mostrato nei riguardi di alcune mie consorelle. Io vi ringrazio, te e le tue compagne, delle tante preghiere che, nella Sua bontà, il Signore si è degnato di applicare esclusivamente alla mia povera anima; ed in particolare i sette salmi penitenziali, che mi sono stati di grande sollievo». Poi con viso sorridente, aggiunge: «Oh felice povertà, che procura una grande gioia a tutti coloro che veramente la osservano». E così sparisce di nuovo. Infine l'indomani, suor Anna-Felicia, dopo aver dormito come d'abitudine, si sente ancora una volta chiamare per nome. Si sveglia tutta frastornata, rimanendo inchiodata nella sua posizione e senza poter articolar parola. Questa volta ancora, ella riconosce perfettamente la voce della suor Teresa. Nello stesso istante un globo di luce tutto luminoso e splendente appare ai piedi del suo letto illuminando la sua cella come in pieno giorno; nel mentre le giunge ancora la voce di suor Teresa che, con tono gioioso e trionfante, dice: «Io sono morta un venerdì, il giorno della Passione; ed ecco che un venerdì io me ne vado in gloria. Siate forti nel portare la croce! Siate coraggiose nella sofferenza!». Ed aggiungendo con amore: «Addio, addio, addio!». Si trasfigura in una nube leggera, bianca, luminosa, si alza in volo e sparisce. Ben presto fu aperta una inchiesta canonica dal Vescovo di Foligno e dai magistrati della città. Il 2 novembre, alla presenza di un gran numero di testimoni, si aprì la tomba di suor Teresa Margherita; e l'impronta bruciata della porta si trovò esattamente conforme alla mano della defunta. Il risultato dell'inchiesta fu un giudizio ufficiale, che constatava con certezza l'autenticità perfetta di quanto avvenuto e raccontato. La porta, con l'impronta carbonizzata, è conservata nel convento con grande venerazione. La madre Badessa, testimone del fatto, si è degnata di mostrarmela ella stessa, e i miei compagni di pellegrinaggio ed io abbiamo visto e toccato questo legno che attesta in modo così evidente e terribile che le anime, sia eternamente, sia solo di passaggio, soffrono nell'altra vita la pena del fuoco, e sono compenetrati e bruciati da questo fuoco. Quando, per ragioni che solo Dio conosce, è concesso loro di apparire in questo mondo, il fuoco ed esse sembrano essere una sola cosa; è come il carbone quando è arroventato dal fuoco. Dunque benché noi non possiamo penetrarne il mistero, sappiamo che, senza poterne dubitare, il fuoco dell'inferno, benché essenzialmente corporale, esercita la sua azione vendicatrice fin sulle anime.

Dove si trova il fuoco dell'inferno?

orse ci si domanderà ancora dove sia il fuoco dell'inferno e quale luogo occupi. Senza rimarcare niente di assolutamente preciso su questo punto, la rivelazione cristiana e l'insegnamento cattolico si accordano nel mostrarci gli abissi brucianti del fuoco centrale della terra come il luogo ove saranno precipitati, dopo la resurrezione, i corpi dei riprovati. È così che il celebre *Catechismo* del Concilio di Trento ci dice a chiare lettere che l'inferno è: «Al centro della terra - *in medio terrae*». questo è pure l'insegnamento formale di San Tommaso, il quale tuttavia lo presenta come il *sentimento più probabile*. «Nessuna persona, egli dice, conosce con certezza ove sia l'inferno, a meno che non lo abbia direttamente appreso dallo Spirito Santo; si ha ragione nel credere che esso sia sotto terra. Innanzitutto il nome stesso sembra indicarcelo: *"infernus"*, inferno, vuol dire: «Ciò che è al di sotto», in un luogo inferiore rispetto alla terra. Poi nelle Scritture, i riprovati sono detti essere «sotto terra - *subtus terram*». Inoltre si dice nello stesso *Vangelo* e nelle *Lettere* di San Paolo, che il Venerdì Santo la santa anima di Nostro Signore, momentaneamente separata dal suo corpo, scese nel cuore della terra, «*in corde terrae*», e «nei luoghi inferiori della terra - *in inferiores partes terrae*». Ora noi sappiamo che Essa andò a portare la notizia della redenzione e della salvezza ai giusti dell'Antica Legge che, dall'inizio del mondo avevano creduto in Lui e Lo attendevano pieni di speranza e di amore, nella pace del Limbo; infine che questa santa Anima andò a rinfrancare e liberare le anime che erano allora in Purgatorio, e avevano compiuto l'espiazione delle loro colpe. Poi passa da lì nel Limbo; infine che Essa discese fin nell'inferno «*descendit ad inferos*» ... Ora da tutto questo si evince, anche se non con evidenza assoluta, ma tuttavia con grande forza, che il luogo dell'inferno è e sarà il centro della terra, che tutti i geologi ci rappresentano infatti come un immenso oceano di fuoco, di zolfo e bitume in fusione, e come qualcosa di così spaventoso ed insieme così potente, che niente potrebbe darcene un'idea in questa vita. Aggiungiamo a tutto questo il linguaggio delle *Scritture* nelle quali lo Spirito Santo presenta sempre l'inferno come un abisso nel quale si è precipitati, ove si cade, ove si discende; parole che esprimono necessariamente un luogo non soltanto inferiore, ma profondo. È ugualmente questo il linguaggio universale della Chiesa, dei Santi Padri e dei Teologi, ed anche di tutto il mondo. Infine, malgrado le loro alterazioni, le tradizioni del paganesimo, principalmente tra i Greci ed i Latini, vengono a confermare il sentimento che noi qui riassumiamo, dipingendo il luogo del castigo dell'altra vita, come una vasta regione sotterranea, o il regno del tetro dio Plutone, caricatura mitologica di Satana; ove il fuoco e le fiamme giocano un ruolo principale, come già detto; e sotto il nome di *Campi Elisi* si vedono altre regioni, pure sotterranee, ove regnano però una certa pace ed una certa malinconica felicità, curioso riflesso della tradizione vera sul «Limbo» degli antichi giusti. Aggiungiamo infine l'osservazione di Sant'Agostino, riportata da San Tommaso: che, dopo la morte, il corpo è interrato, cioè disceso e deposto nella terra, per espiare il peccato con la putrefazione, e che sembra almeno corretto ritenere che l'anima debba espiare questo stesso peccato, sia come purificazione nel Purgatorio, sia come castigo nell'inferno, con lo scendere per trovare nei luoghi inferiori il fuoco vendicatore acceso dalla giustizia divina. Da tutto questo non possiamo, ed anche non dobbiamo concludere che l'inferno, con il suo fuoco spaventoso, abbia come sede speciale il centro della terra, ove il fuoco dell'abisso brucia con maggiore intensità? Osserviamo tuttavia che questo fuoco naturale è *soprannaturalizzato* dall'Onnipotenza della giustizia divina, al fine di produrre tutti gli effetti che richiede questa adorabile e terribile giustizia; tra l'altro, col fine di coinvolgere e penetrare gli spiriti come i corpi, senza consumare i corpi dei dannati ma al contrario conservarli, secondo questa terribile parola del sovrano Giudice stesso, «nella Geenna del fuoco inestinguibile, tutti i riprovati saranno salati dal fuoco - *"igne salietur"*»; in modo tale che il sale penetra e conserva la carne delle vittime, così, per un effetto soprannaturale, il fuoco corporale dell'inferno penetra, senza mai consumarli, sia i demoni che i riprovati.

La visione di Santa Teresa

Nel rivelarci che l'inferno è nel fuoco, Nostro Signore ci ha detto ugualmente, con l'autorità divina ed infallibile della Sua parola, che l'inferno è nelle tenebre. Nel *Vangelo* di San Matteo, nel capitolo ventiduesimo, Egli dà all'inferno il nome di *tenebre esteriori*. «Gettatelo - dice parlando dell'uomo che non è vestito con l'abito nuziale, cioè che non è nello stato di grazia - gettatelo nelle tenebre esteriori, *"in tenebras exteriores"*» In altri passi del *Vangelo*, e nelle *Epistole* degli Apostoli, i demoni sono chiamati: «I prìncipi delle tenebre, i potenti delle tenebre». San Paolo dice ai fedeli: «Voi siete tutti figli di luce: noi non siamo figli delle tenebre». Le tenebre dell'inferno saranno corporali come il fuoco stesso, e queste due verità non implicano alcuna contraddizione. Il fuoco, o per parlare più esattamente, il *produttore del calore*, è come l'anima e la vita del fuoco, è un elemento perfettamente distinto dalla luce. Nello stato naturale, quando si produce la fiamma in mezzo al gas dell'aria, il fuoco è sempre più o meno luminoso, ma nell'inferno, conservando tutta la sua sostanza, l'elemento *fuoco* sarà privo di alcune proprietà naturali e ne acquisterà altre che saranno soprannaturali, che cioè non possiede di per se stesso. È quel che insegna San Tommaso che, appoggiandosi sul Santo Basilio Magno, dice: «Per la potenza di Dio, la chiarezza del

fuoco sarà separata dalla proprietà che ha di bruciare, ed è la sua virtù comburente che servirà da tormento ai dannati». Inoltre: «Al centro della terra, ove è l'inferno - aggiunge San Tommaso - non può esserci che un fuoco tetro, oscuro, tutto denso di fumo»... quel poco che ne fuoriesce dalla bocca dei vulcani, conferma pienamente questa asserzione. Nell'inferno, dunque, ci saranno delle tenebre corporali, ma con un certo barlume che permetterà ai riprovati di intravedere quello che dovrà comporre i loro tormenti. Essi giungeranno a vedere nel fuoco e nell'ombra, ai bagliori delle fiamme dell'inferno, dice San Gregorio Magno, coloro che hanno trascinato con essi nella dannazione; e questa vista sarà il complemento del loro supplizio. Pertanto, l'orrore stesso delle tenebre, che conosciamo per esperienza sulla terra, non deve essere ritenuto poca cosa nel castigo dei riprovati. Il nero è il colore della morte, del male, della tristezza. Santa Teresa racconta che un giorno, rapita in spirito, Nostro Signore si degnò di rassicurarla circa la sua eterna salvezza, se ella avesse continuato a servirLo ed amarLo come già faceva; e per aumentare nella Sua serva fedele il timore del peccato e dei terribili castighi che esso genera, Egli volle farle intravedere il luogo che avrebbe occupato nell'inferno se ella avesse seguito le sue inclinazioni per il mondo, con la vanità e con i piaceri. «Un giorno in preghiera - ella racconta - mi trovai in un istante, senza saper in qual modo, trasportata corpo ed anima nell'inferno. Io compresi che Dio voleva farmi vedere il posto che i demoni mi avevano preparato e che avrei meritato per i peccati nei quali sarei caduta se non avessi cambiato vita. Questo durò per uno spazio breve, ma per quanto io vivessi ancora tanti anni, mi sarebbe impossibile cancellarne il ricordo. L'entrata in questo luogo di tormento mi parve simile ad una sorta di forno estremamente basso, oscuro, stretto. Il suolo era un fango orribile, di un odore fetido e pieno di rettili striscianti. Alla sua estremità si levava una muraglia nella quale c'era un ridotto molto stretto ove mi vidi richiudere. Nessuna parola può dare la minima idea del tormento che là provai; è incomprensibile. Nella mia anima sentii un fuoco, di cui non ci sono parole per descriverne la natura, ed il mio corpo era nello stesso tempo in preda a dolori intollerabili. Io avevo provato nella mia vita crudelissime sofferenze che, secondo il parere dei medici, sono tra le più grandi che quaggiù si possano contrarre. Io avevo visto i miei nervi contrarsi in modo terribile all'epoca in cui persi l'uso dei miei arti; tutto questo era nondimeno nulla a paragone dei dolori che sentii allora; e il colmo era la consapevolezza che sarebbero stati eterni e senza sollievo. Ma queste torture del corpo non sono nulla a loro volta rispetto all'agonia dell'anima. È una stretta, un'angoscia, un infrangersi del cuore così sensibile, è nello stesso tempo una così disperata ed amara tristezza, che tenterei invano di descrivere. Se io dicessi che si prova in ogni istante l'angoscia della morte, direi ben poca cosa. No, mai potrò trovare espressioni che diano un'idea di questo fuoco interiore e di questa disperazione, che sono come il colmo di tanti dolori e tormenti. Ogni speranza di consolazione in questo terrificante soggiorno è spenta, vi si respira un odore pestilenziale. Tale era la mia tortura in questo anfratto stretto scavato nel muro ove mi trovavo chiusa; le mura di questa cella, terrore per gli occhi, mi opprimevano esse stesse col loro peso. Là tutto soffoca; nessuna luce, non vi sono che tenebre della più tetra oscurità; eppure, o mistero!, anche senza alcun chiarore, si percepisce tutto quello che è più penoso per la vista. Non è più piaciuto al Signore darmi una ulteriore maggiore conoscenza dell'inferno. Mi ha mostrato poi dei castighi ancora più spaventosi inflitti a certi vizi; poiché non ne soffrivo la pena, il mio terrore era minore. Nella prima visione, al contrario, il divino Maestro volle farmi provare veramente in spirito, non solo l'afflizione interiore, ma i tormenti anche esteriori come se il mio corpo li avesse sofferti. Io ignoro il modo in cui questo accadeva, ma compresi che era una grande grazia, e che il mio adorabile Salvatore aveva voluto farmi vedere con i miei occhi da quale supplizio Egli mi avesse liberato. Perché tutto ciò che si può sentir dire dell'inferno, tutto ciò che i nostri libri ci dicono degli strazi e dei diversi supplizi che i demoni fanno subire ai dannati, tutto questo non è niente rispetto alla realtà; tra l'uno e l'altro c'è la stessa differenza che esiste tra un quadro inanimato ed una persona vivente; bruciare in questo mondo è ben poca cosa in confronto a questo fuoco in cui si brucia nell'altro. Sono trascorsi quasi sei anni da questa visione - aggiunge Santa Teresa - ed ancora oggi, nello scriverlo, avverto un tale spavento che il sangue mi si gela nelle vene. In mezzo alle prove ed ai dolori, io evoco questo ricordo e da allora ogni cosa che possa accadermi quaggiù mi sembra più nulla; e trovo che noi ci lamentiamo senza motivo. Da questo giorno, tutto mi sembra facile da sopportare in confronto ad un solo istante da trascorrere nel supplizio nel quale fui allora immersa. E non posso stupirmi del fatto che, pur avendo letto tante volte dei libri che trattano delle pene dell'inferno, ero così lontana dal formarmi un'idea giusta, e di temerlo come avrei dovuto. A cosa pensavo, Dio mio, e come potevo gustare qualche riposo in un genere di vita che mi conduceva ad un sì spaventoso abisso! O mio adorabile Maestro, siate eternamente benedetto! Voi avete mostrato nel modo più eclatante che Voi mi amate infinitamente più di quanto io non ami me stessa. Quante volte mi avete liberato da questa nera prigione, e quante volte vi sono rientrata contro la vostra volontà!. Questa visione ha fatto nascere in me un indicibile dolore alla vista di tante anime che si perdono. Essa mi ha inoltre dato i desideri più ardenti di lavorare per la loro salvezza; per strappare un'anima sola da sì orribili supplizi, lo sento, sarei pronta ad immolare mille volte la mia vita». Che la fede sopperisca in ciascuno di noi alla visione; e che il pensiero delle «tenebre esterne», nelle quali i riprovati saranno gettati come la spazzatura e le scorie della creazione, ci trattengano nelle tentazioni e faccia noi dei veri figli di luce!

Altre pene che colpiscono i dannati

ltre al fuoco e alle tenebre, nell'inferno ci sono altri castighi, altre pene ed altri modi di soffrire. Lo richiede infatti la giustizia divina; i riprovati hanno commesso il male in molte maniere, avendo ciascuno dei loro sensi partecipato più o meno ai loro peccati, e di conseguenza alla loro dannazione, è giusto che siano puniti innanzitutto nei punti che maggiormente avranno contribuito al peccato, secondo questa parola della *Scrittura*: «Ciascuno sarà punito a secondo di come ha peccato». È principalmente ancora il fuoco, questo fuoco terribile e soprannaturale di cui stiamo parlando, che sarà lo strumento di questi castighi molteplici: esso punirà con azione speciale questo o quel senso che avrà contribuito particolarmente all'iniquità; è così pure in rapporto a ciascun vizio, a ciascuno dei suoi peccati, che il dannato, gettato nel fuoco e nelle tenebre esteriori, come dice il *Vangelo*, piangerà amaramente su di un passato irreparabile e striderà i denti, nell'eccesso della disperazione. «Là vi sarà pianto e stridor di denti» - «*flatus et stridor dentium*». Tali sono le parole di Dio stesso. Questi pianti dei riprovati saranno più spirituali che corporali, dice San Tommaso; e questo anche dopo la resurrezione, ove i corpi dei riprovati, riprendendo i loro corpi umani con tutti i loro sensi, tutti i loro organi e tutte le proprietà essenziali, non saranno nondimeno più suscettibili

di certi atti né di certe funzioni. Le lacrime, in particolare, suppongono un principio fisico di secrezione che non esisterà più. O buon lettore, figuratevi dunque ciò che saranno e soffriranno sotto le diverse influenze di questo fuoco e di queste tenebre, di questi terribili rimorsi e di queste disperazioni inutili, gli occhi di un dannato, quegli occhi che tante volte, e per tanti anni, saranno serviti a contentare il proprio orgoglio, la vanità, la cupidigia, tutti gli appetiti della lussuria. E le sue orecchie aperte a discorsi impudichi, alle menzogne, alle calunnie, alle beffe dell'empietà! E la sua lingua, la sua bocca, strumento di tante sensualità, di tanti discorsi empi ed osceni, di tante leccornie! E le sue mani, che hanno cercato, scritto, che hanno sparso tante cose detestabili, che hanno fatto tante cattive azioni! Ed il suo cervello, organo di milioni di colpevoli pensieri di ogni genere! E il suo cuore, sede della sua volontà depravata, e di tutte le cattive affezioni, svanite per sempre! Ed il suo corpo tutto intero, la sua carne per la quale è vissuta, e di cui ha soddisfatto tutti i desideri, tutte le passioni, tutte le concupiscenze! Tutto in lui avrà il suo castigo, il suo tormento speciale, oltre alla pena generale della dannazione, della maledizione divina e del fuoco vendicatore. Che orrore! E non è tutto. San Tommaso aggiunge, in effetti, con i Santi Padri: «Nella purificazione finale del mondo, ci sarà tra gli elementi una separazione radicale; tutto ciò che è puro e nobile sussisterà nel cielo per la Gloria dei beati; mentre tutto ciò che è ignobile e sporco sarà precipitato nell'inferno per il tormento dei dannati. E così, come ogni creatura sarà causa di gioia per gli eletti, i dannati troveranno in tutte le creature una causa di tormenti». E questo sarà il compimento dell'oracolo dei *Libri* santi: «L'universo intero combatterà con il Signore contro gli insensati, cioè i riprovati». Infine, e per completare l'esposizione di questo lugubre stato dell'anima riprovata, aggiungiamo che Nostro Signore ha dichiarato Egli stesso nella formulazione della sentenza ultima del giudizio finale, vale a dire che: «I maledetti, i dannati, andranno a bruciare nell'inferno, nel fuoco che è stato preparato per il demonio e per i suoi angeli», negli abissi infuocati dell'inferno; i riprovati avranno dunque il supplizio dell'esecrabile compagnia di Satana e di tutti i demoni. In questo mondo si trova talvolta una sorta di sollievo nel non essere soli a soffrire: ma nell'eternità, questa associazione del dannato con tutti i cattivi angeli e tutti gli altri riprovati sarà al contrario un aggravio di disperazione, di odio, di rabbia, di sofferenze dell'anima e dei dolori fisici. Ecco il poco che sappiamo, per rivelazione divina e attraverso gli insegnamenti della Chiesa, sulla molteplicità dei tormenti che saranno, nell'altra vita, il castigo degli empi, dei blasfemi, degli impudichi, degli orgogliosi, degli ipocriti, ed in generale di tutti i peccatori ostinati ed impenitenti. Ma quello che più di tutto il resto rende tutte queste pene spaventose, è la loro «eternità»!

L'eternità delle pene è una verità di fede rivelata

io stesso ha rivelato alle Sue creature l'eternità delle pene che le attendono nell'inferno, se esse saranno tanto insensate, perverse, ingrate, nemiche di se stesse per ribellarsi alle leggi della Sua santità e del Suo amore. Riconducetevi, caro lettore, alle testimonianze già citate nel corso di questo opuscolo. Quasi sempre, ricordandoci la rivelazione misericordiosa, che si era degnato di fare di questa salutare verità ai nostri progenitori, il Signore nostro Dio. Egli parla dell'eternità delle pene dell'inferno già mentre parla dello stesso inferno. Così attraverso il Patriarca Giobbe e Mosè, Egli ci dichiara che nell'inferno «regna un orrore eterno» - «*sempiternus horror*». Il testo originale è anche più forte, significando la parola «*sempiternus*»: *sempre eterno*, quasi come se volesse dire «eternamente eterno». Il Profeta Isaia ci ripete il medesimo insegnamento, senza dimenticare questa terribile apostrofe che indirizza a tutti i peccatori: «Chi tra voi potrà dimorare nel fuoco divoratore, nelle fiamme eterne?», «*cum ardoribus sempiternis*». Qui ancora il superlativo *sempiternus*! Nel *Nuovo Testamento*, l'eternità del fuoco e delle pene dell'inferno torna in ogni occasione sulle labbra di Nostro Signore e sotto la penna dei Suoi Apostoli. Qui, riportatevi, caro lettore, a qualche brano che vi abbiamo già citato. Io non ricorderò se non una parola del Figlio di Dio,

perché essa riassume solennemente tutte le altre; è la stessa sentenza che presiederà la nostra eternità per tutti: «Venite, benedetti del Padre mio, ed entrate in possesso del reame che vi è stato preparato dall'origine del mondo! Allontanatevi da me, maledetti, ed andate nel fuoco eterno che è stato preparato per il demonio e i suoi angeli». Ed il Giudice adorabile aggiunge: «Questi andranno al supplizio eterno, e gli altri entreranno nella vita eterna» - «*in supplicium aeternum, in vitam aeternam*». Questi oracoli del Figlio di Dio non hanno bisogno di commenti. Sulla loro chiarezza luminosa la Chiesa appoggia diciannove secoli di insegnamento divino, sovrano ed infallibile, che riguarda l'eternità propriamente detta della beatitudine degli eletti in cielo e delle pene dei dannati all'inferno. Dunque, l'eternità dell'inferno ed i castighi spaventosi costituiscono una verità rivelata, una verità di fede cattolica[1], «certa» così come l'esistenza di Dio e come gli altri grandi misteri della religione cristiana.

---

1 *Verità rivelata infallibilmente da Dio e definita, altrettanto infallibilmente, dalla Chiesa, ndR.*

L'inferno è necessariamente eterno

Da molto tempo la fragilità naturale dello spirito umano si piega sotto il peso di questo terribile mistero dell'eternità dei castighi dei riprovati. Già dai tempi di Giobbe e Mosè, diciassette o diciotto secoli prima dell'era cristiana, certi spiriti leggeri e troppe coscienze troppo gravate dai carichi parlavano della mitigazione, o del termine delle pene dell'inferno. «Essi immaginano - dice il *Libro* di Giobbe - che l'inferno decresce ed invecchia». Oggi, come in tutti i tempi, questa tendenza a mitigare e ad abbreviare le pene dell'inferno trova degli avvocati più o meno interessati alla cosa. Ma essi si ingannano. Oltre al fatto che la loro supposizione si fonda solo sull'immaginazione ed è direttamente contraria alle affermazioni divine di Gesù-Cristo e della Sua Chiesa, essa parte da una concezione assolutamente falsa della natura stessa dell'eternità. Non solo non ci sarà termine, ma nemmeno una mitigazione alle pene dei dannati, perché è totalmente impossibile che ciò possa accadere. La natura dell'eternità vi si oppone in maniera assoluta. L'eternità, in effetti, non è come "i tempi", composti da una successione di istanti aggiunti l'uno agli altri, i cui insiemi formano i minuti, le ore, i giorni, gli anni, i secoli. Nel tempo si può cambiare, semplicemente perché c'è il tempo di cambiare. Ma se davanti a noi non abbiamo né giorno, né ora, né minuti o secondi, non

è evidente che non si possa passare da uno stato ad un altro? Questo è ciò che accade nell'eternità. Nell'eternità non ci sono istanti che succedano ad altri istanti e che ne siano distinti. L'eternità è una modalità di durata dell'esistenza che nulla ha in comune con la nostra terra; noi possiamo conoscerla, ma non possiamo comprenderla. È il mistero dell'altra vita; è una vera e misteriosa partecipazione all'eternità stessa di Dio. Come dice San Tommaso con tutta la tradizione: «L'eternità è tutta intera in una volta» - «*tota simul*». È un presente sempre attuale, indivisibile, immutabile. Non ci sono secoli accumulati dopo secoli, né milioni di secoli aggiunti ad altri milioni di secoli, queste sono delle maniere tutte terrestri e perfettamente false di concepire l'eternità. Io lo ripeto, la natura stessa dell'eternità, che non assomiglia affatto alle successioni dei tempi, fa sì che ogni cambiamento sia impossibile, sia in bene che in male. Per ciò che riguarda le pene dell'inferno, ogni cambiamento pertanto è impossibile; e così come la cessazione, anche la mitigazione di queste pene costituirebbe necessariamente un cambiamento. Dobbiamo concludere, con una certezza completa, che le pene dell'inferno sono assolutamente eterne, immutabili, e che il sistema di mitigazioni non è che una deficienza dello spirito, o un capriccio dell'immaginazione e del sentimento. Quel che sto per riassumere qui sull'eternità, caro lettore, è forse un po' astratto; ma più ci rifletterete, più ne costaterete la verità. In ogni caso, che noi comprendiamo o non, dobbiamo riferirci al proposito, alla chiarissima, normalissima affermazione di Nostro Signore Gesù-Cristo; e, con tutta semplicità e certezza della fede, diciamo: «Io credo alla vita eterna» - «*Credo vitam aeternam*», vale a dire all'altra vita, che per tutti sarà immortale ed eterna: per i buoni, immortale ed eterna nelle beatitudini del Paradiso; per i cattivi, immortale ed eterna nei castighi dell'inferno. Un giorno Sant'Agostino, Vescovo di Ippona, era occupato a scrutare, almeno finché lo poteva fare il suo potente spirito, la natura di questa eternità, ove la bontà e la giustizia di Dio attende tutte le creature. Egli cercava, approfondiva, a volte intravedeva, a volte si sentiva arrestato dal mistero. Tutto ad un tratto dinanzi a lui apparve, in una luce radiosa, un vecchio dal volto venerabile e tutto splendente di gloria. Era San Girolamo, che, quasi centenario, stava per morire in un luogo molto lontano da lui, a Bethlehem. Sant'Agostino guardava stupefatto e con ammirazione la celeste visione che si offriva ai suoi occhi: «L'occhio dell'uomo non ha mai visto, gli disse il vegliardo, l'orecchio dell'uomo non ha mai inteso, e lo spirito dell'uomo non potrà mai comprendere quello che tu cerchi di comprendere» ... e così sparì. Tale è il mistero dell'eternità, sia in cielo, sia nell'inferno. Crediamo umilmente, e profittiamo del tempo di questa vita affinché, quando per noi cesseranno i tempi, veniamo ammessi alla buona eternità e che, per la misericordia di Dio, evitiamo l'altra.

L'assenza di grazia è un'altra ragione delle pene eterne

uando anche il dannato avesse davanti a lui il tempo per poter cambiare, per convertirsi ed ottenere misericordia, questo tempo non gli potrebbe servire, perché? Perché la causa dei castighi che egli sconta sarebbe sempre là. Questa causa è il peccato, è il male che ha scelto sulla terra come sua parte. Il dannato è un peccatore impenitente, incontrovertibile. Il tempo per convertirsi, in effetti, non è sufficiente. Ahimè! Noi lo vediamo purtroppo anche in questo mondo. Noi viviamo in mezzo a gente che il buon Dio attende da dieci, venti, trenta, quaranta anni, ed anche più. Per convertirsi è necessaria, inoltre, la grazia. Non c'è conversione possibile senza il dono essenzialmente gratuito della grazia di Gesù-Cristo, la quale è il rimedio fondamentale contro il peccato, ed il primo principio della resurrezione delle povere anime che il peccato ha separato da Dio e così gettato nella morte spirituale. Gesù-Cristo ha detto: «Io sono la resurrezione e la vita»; ed è con il dono della Sua grazia che Egli risuscita le anime morte e che le conserva in seguito in vita. Ora, nella Sua saggezza onnipotente, questo sovrano Signore ha stabilito che in questa vita, che è il tempo della nostra prova, la Sua grazia ci sarà data al fine di farci evitare la morte del peccato, e di farci credere nella vita dei figli di Dio. Nell'altro mondo, non c'è più il tempo della grazia né della prova, ma quello della ricompensa eterna per coloro che avranno corrisposto alla grazia vivendo cristianamente, ed il tempo dei castighi eterni per coloro che avranno respinto la grazia, morendo nel peccato. Tale è l'ordine della Provvidenza, e nulla lo cambierà. Dunque, nell'eternità non ci sarà più grazia per i peccatori riprovati, e poiché senza la grazia è assolutamente impossibile pentirsi efficacemente, così come essa è necessaria per ottenere il perdono, il perdono stesso è impossibile; la causa del castigo rimane sempre, ed il castigo, che non è che l'effetto del peccato, sussiste egualmente. Senza grazia non c'è pentimento; senza pentimento non c'è conversione; senza conversione nessun perdono; senza perdono nessuna mitezza, né cessazione possibile della pena. Non è ragionevole? Il ricco malvagio del *Vangelo* non si pente nel fuoco dell'inferno. Egli non dice: «Io mi pento!», e non dice nemmeno: «Io ho peccato». Egli dice: «Io soffro terribilmente in questa fiamma!». È il grido del dolore e della disperazione, non il grido del pentimento. Egli non si cura di implorare il perdono ... Chiede invano una goccia d'acqua che potrebbe dargli sollievo: questa goccia d'acqua è il tocco della grazia che lo salverebbe; gli viene risposto che questo è impossibile. Egli detesta il castigo, non la causa. È la storia raccapricciante di tutti i dannati. Quaggiù la città di Dio e la città di Satana sono come insieme mischiate; si può passare dall'una all'altra; da buono si può diventare cattivo, o da cattivo si può diventare buono. Ma tutto questo cesserà al momento della morte. Allora irrevocabilmente le due città saranno separate, come dice il *Vangelo*, non si potrà passare dall'una all'altra, dalla città di Dio alla città di Satana, dal Paradiso all'inferno, e viceversa dall'inferno al Paradiso. In questa vita tutto è imperfetto, il bene come il male; nulla è definitivo;

e non essendo mai rifiutata a nessuno la grazia di Dio, si può sempre sfuggire al male, all'impero del demonio, alla morte del peccato, finché si è in questo mondo. Ma come già detto, tutto questo appartiene alla vita presente; ma dal momento che un poveraccio in stato di peccato mortale, ha dato l'ultimo respiro, tutto cambia aspetto: l'eternità succede al tempo; di momenti della grazia e della prova non ce ne saranno più; la *resurrezione dell'anima* non è più possibile, e l'albero caduto a sinistra, resterà sempre a sinistra. Dunque, la sorte dei riprovati è fissata per sempre; nessun cambiamento, nessuno sconto di pena, nessuna sospensione, nessuna cessazione dei loro castighi è più possibile. A loro manca non solo il tempo, ma pure la grazia!

La perversità della volontà dei dannati

a volontà dei dannati, è come pietrificata nel peccato, nel male, nella morte soprannaturale. Che cosa in questa vita rende possibile il fatto che un peccatore possa convertirsi? Innanzitutto, come detto, che ne abbia il tempo e poi che il buon Dio gli conceda sempre la grazia. Ma inoltre, poiché egli è libero, che ... possa, di sua scelta, ritornare dal lato di Dio. Si tratta infatti di un atto di *libera volontà* quello che ha allontanato il peccatore dal suo Dio; ed è pertanto con un altro atto di *libera volontà*, attraverso la grazia di questo Dio buono, che può tornare a Lui, pentirsi e, da povero *figliuol prodigo*, tornare perdonato alla casa paterna. Ma, al momento della morte, ecco che accade per la libertà quel che avviene per la grazia: è finita, finita per sempre. Non si tratta più di scegliere, ma di dimorare in quel che si è scelto. Voi avete scelto il bene, la vita: possederete per sempre il bene e la vita. Voi avete scelto follemente il male e la morte: voi siete nella morte, per sempre, e solo perché voi l'avete voluto quando potevate volerlo. È l'eternità delle pene! Ancora oggi nel palazzo di Versailles si può osservare la camera dove morì Luigi XIV, il giorno 1 settembre 1715. Vi sono gli stessi mobili, ed in particolare lo stesso pendolo. Per un sentimento di rispetto per il grande re morto, si arrestò questo pendolo nel momento in cui egli diede l'ultimo respiro, alle quattro,

trenta ed un minuto; poi non è stato più toccato. E così, dopo centosessanta anni, la lancetta immobile del quadrante segna le quattro, trenta ed un minuto. È una immagine suggestiva dell'immobilità in cui entra e resta la volontà dell'uomo nel momento in cui lascia questa vita. La volontà del peccatore dannato resta dunque necessariamente quella del momento della morte. Così com'è, resta immobilizzata, è *eterizzata*, se così si ci si può esprimere. Il dannato vuole sempre e necessariamente il male che ha fatto, dice San Bernardo. Il male e lui fanno un tutt'uno; è come un peccato vivente, permanente, immutabile. Così come i beati, che vedono Dio nel Suo amore e Lo amano necessariamente; i riprovati, non vedendo Dio che nei castighi della Sua giustizia, Lo odiano necessariamente. Io vi chiedo allora: non è una giustizia rigorosa quella che colpisca con un castigo immutabile una immutabile perversità? E che una pena eterna, sempre la stessa, punisca una volontà eternamente fissata nel male, eternamente staccata da Dio con la rivolta e l'odio, una volontà bloccata nel sempre peccare? Da ciò che stiamo per dire, come da quel che precede, risulta in modo evidente che nell'inferno i dannati, non avendo né il tempo, né la grazia, né la volontà di convertirsi, non possono essere perdonati e devono necessariamente subire un castigo immutabile ed eterno. Infine, come rigorosa conseguenza, le pene dell'inferno non solo non avranno mai fine, ma non sono suscettibili di queste mitigazioni con le quali ci si vorrebbe illudere.

La giustizia di Dio nell'eternità delle pene

i tratta di una vecchia obiezione, sollevata per timore da coscienze malconce. Dicono: «Dio è ingiusto nel punire con delle pene eterne dei peccati momentanei». Nel quarto secolo l'illustre Arcivescovo di Costantinopoli, San Giovanni Crisostomo, la risolveva già in questi termini: «C'è chi dice "Io ho messo solo un istante ad uccidere un uomo, a commettere un adulterio, e per questo peccato di un momento, devo subire delle pene eterne". Sì certamente, perché ciò che Dio giudica nel peccato, non è il tempo impiegato nel commetterlo, ma la volontà che lo fa commettere». Ciò che abbiamo già detto sarebbe già sufficiente per eliminare anche l'ombra di una difficoltà. Essendo nell'inferno assolutamente impossibili la conversione ed il cambiamento, per difetto di tempo, di grazia e di libertà, la causa del castigo sussiste eternamente nella sua interezza, e deve, a rigore di giustizia, produrre eternamente il suo effetto. Nulla da eccepire. Si tratta di pura giustizia. Voi trovate ingiusto che Dio possa, con una pena eterna, punire dei crimini di un istante? Ma vedete cosa accade ogni giorno nell'umana società. Tutti i giorni essa punisce con la morte assassini, parricidi, incendiari etc... che hanno perpetrato il loro crimine nell'arco di qualche minuto. È questo ingiusto? Chi oserebbe dirlo? Ora che cos'è la pena di morte nell'umana società? Non

è una pena perpetua, senza ritorno? Senza mitigazione possibile? Questa pena di morte priva per sempre dalla società degli uomini, come l'inferno priva per sempre dalla società di Dio. Perché dovrebbe essere altrimenti per i crimini di lesa maestà divina, vale a dire per i peccati mortali? Ma qui il tempo non ha nulla a che fare col peso morale del peccato. Come diceva San Giovanni Crisostomo, non è la durata dell'atto colpevole che viene punita nell'inferno con una pena eterna, ma è la perversità della volontà che ha fatto agire il peccatore e che la morte è venuta ad immobilizzare. Persistendo sempre questa perversità, il castigo vi si applica eternamente: lungi dall'essere ingiusto, è tutto ciò che c'è di più giusto, ed anche necessario. La santità infinita di Dio non deve respingere forse eternamente un essere che si trova in uno stato eterno di peccato? Tale è il riprovato nell'inferno. E poi chiunque vi rifletterà seriamente noterà che in ogni peccato mortale vi è un doppio carattere: il primo, che è essenzialmente finito, è l'atto libero della volontà che vìola la legge di Dio e pecca; il secondo, che è infinito, è l'oltraggio fatto alla santità, alla Maestà infinita di Dio. Da questo punto di vista, il peccato racchiude una malizia in qualche modo infinita: «*quamdam infinitatem*», dice San Tommaso. Ora, la pena eterna risponde in modo esatto a questo carattere finito ed infinito del peccato. Essa stessa è finita ed infinita: finita nell'intensità; infinita ed eterna nella durata. Finita quanto alla durata dell'atto e alla malizia della volontà di colui che pecca, per cui il peccato è punito con una pena più o meno considerevole, ma sempre finita in intensità; infine in rapporto alla santità di Colui che è offeso, è punito con una pena di durata infinita, cioè eterna. Ancora una volta niente di più logico, di più giusto delle pene eterne che nell'inferno puniscono il peccato ed il peccatore. Ciò che non sarebbe giusto, sarebbe che tutti i riprovati subissero la stessa pena. In effetti è evidente che non sono colpevoli tutti allo stesso modo. Tutti sono nello stato di peccato mortale; uniti in questo, meritano tutti ugualmente una pena eterna; ma, non essendo colpevoli tutti allo stesso grado, l'intensità di questa pena eterna è esattamente proporzionale al numero ed alla gravità della colpa di ognuno. Ancora una volta abbiamo una giustizia perfetta, una giustizia infinita. Infine ancora un'osservazione molto opportuna: se le pene del peccatore impenitente, riprovato nell'inferno, avevano un fine, questo sarebbe lui stesso, e non il Signore, che avrebbe quindi l'ultima parola nella sua lotta sacrilega contro Dio. Egli potrebbe dire a Dio: «Io prendo il mio tempo, voi prendete il vostro. Ma che il vostro tempo sia corto o lungo, io finirò sempre per avere la meglio su di Voi; io sarò maestro della situazione ed un giorno, che vogliate o non, io dividerò la vostra gloria e la beatitudine eterna nei cieli». È possibile, io vi domando? Dunque, da questo punto di vista ancora, ed indipendentemente dalle ragioni perentorie che esporremo, la Giustizia, la Santità divina, richiede di stretta necessità che i castighi dei dannati siano eterni. «Ma la bontà di Dio?», forse qualcuno penserà! La bontà di Dio qui non ha nulla a che fare: l'inferno è il luogo della Sua giustizia, infinita come la Sua bontà. La bontà di Dio si esercita sulla terra, dove Egli perdona tutto, sempre ed immediatamente dopo il pentimento. Nell'eternità la bontà non si esercita più, perché non c'è che da coronare nelle gioie del cielo la Sua opera compiuta sulla terra col perdono. Vedreste per caso che, nell'eternità, Dio esercitasse la Sua bontà nei confronti di gente che ne hanno abusato indegnamente sulla terra, e che non vi hanno fatto ricorso nel momento della morte, e che ora non ne vogliono e non possono più volerne? Questo sarebbe semplicemente assurdo. Da parte di Dio soprattutto, la bontà non potrebbe esercitarsi a spese della giustizia. Dunque, punendo con delle pene eterne delle colpe passeggere, lungi dall'essere ingiusto, Dio è giusto, anzi giustissimo.

Se è lo stesso per i peccati di debolezza

enza voler scusare oltremisura i peccati di debolezza di cui gli stessi cristiani si rendono molto spesso colpevoli, occorre riconoscere che c'è un abisso tra quelli che li commettono e coloro che la *Sacra Scrittura* chiama in genere «i peccatori». Questi sono le anime perverse, i cuori impenitenti che operano il male per abitudine, senza rimorsi, come cosa ordinaria, e che vivono senza Dio, in rivolta permanente contro Gesù-Cristo. Questi sono i peccatori propriamente detti, i peccatori di professione. «Essi peccano finché vivono, diceva San Gregorio; essi peccherebbero sempre se potessero vivere sempre; essi vorrebbero vivere sempre per poter sempre peccare. Per costoro, una volta che sono morti, la giustizia del sovrano Giudice esige evidentemente che non siano mai senza castigo, perché essi non hanno mai voluto essere senza peccato». Queste non sono le disposizioni degli altri: una quantità di povere anime cadono in peccato mortale, e ciò nonostante esse non sono né cattive né corrotte, ed ancor meno empie, è la fragilità che le fa cadere, e non l'amore per il male nel quale esse cadono. Esse somigliano ad un bambino strappato dalle braccia della madre con violenza o per seduzione; che si lasciano così separare da essa, ma con dispiacere, senza mai lasciarla con lo sguardo e tendendo sempre a lei le braccia; non appena il seduttore lo

lascia, egli torna a gettarsi subito pentito e gioioso nelle braccia della buona madre. Tali sono questi poveri peccatori occasionali, quasi per "caso", che non amano il male che commettono, e la cui volontà non è incancrenita, almeno nel fondo. Essi subiscono il peccato piuttosto che ricercarlo; essi si pentono già nel momento in cui vi si abbandonano. Di tali peccati, non sono essi ben più scusabili? E come la misericordia adorabile del Salvatore non accorderebbe con facilità, soprattutto nel momento decisivo della morte, grandi grazie di pentimento e di perdono ai *figliuoli prodighi* che, pur offendendoLo, non Gli hanno voltato le spalle, e che, pur lasciandosi trasportare lontano da Lui, non Lo hanno lasciato con lo sguardo e col desiderio? Si può affermare che il Dio che ha detto: «Mai rigetterò colui che viene a me», troverà sempre nel Suo divino Cuore dei segreti di grazie e di misericordie sufficienti per strappare queste povere anime alla eterna dannazione. Ma, diciamolo ben forte, questo è un segreto del Cuore di Dio, un segreto impenetrabile alle creature, sul quale non bisogna contare troppo, perché lascia comunque sussistere questa terribile dottrina, che è *di fede*, e cioè che ogni uomo che muore in peccato mortale è eternamente dannato e destinato nell'inferno ai castighi che meritano le sue colpe. Una parola per finire. Che gli spiriti sottili e le "anime sensibili" che cercano di cavillare in luogo, di credere semplicemente e di santificarsi, si rassicurino pensando ai riprovati. La giustizia, la bontà, la santità di Nostro Signore regoleranno tutto al meglio, sia nell'inferno che nel Purgatorio, là non ci sarà nemmeno l'ombra di una qualsiasi ingiustizia. Tutti coloro che saranno all'inferno avranno perfettamente meritato di esservi e di dimorarvi eternamente, per quanto terribili possano essere le loro pene, pene assolutamente proporzionate alle loro colpe. Qui non è come per i tribunali, le leggi e i giudici della terra, che possono ingannarsi, colpire ingiustamente, punire troppo o troppo poco: il Giudice eterno e sovrano, Gesù-Cristo, sa tutto, vede tutto, può tutto; Egli è più che giusto, è la Giustizia stessa, e nell'eternità, come ha dichiarato con la Sua stessa bocca, «renderà a ciascuno secondo le sue opere», né più, né meno. Dunque, benché spaventose, incomprensibili allo spirito umano, le pene eterne dell'inferno saranno sovranamente, eternamente giuste.

Chi sono coloro che prendono la strada dell'inferno?

In primo luogo sono gli uomini che abusano della loro autorità, in un ordine qualunque, per indurre i loro subordinati al male, sia con la violenza, sia con la seduzione. «Un duro giudizio li attende». Veri *satana* della terra, essi sono coloro ai quali si indirizza, nella persona del padre, la terribile parola della Scrittura: «O Lucifero, come sei caduto dalle altezze del cielo?». Sono tutti coloro che abusano dei doni dello Spirito per distogliere dal servizio di Dio la povera gente e per strappar loro la fede. Questi pubblici corruttori sono gli eredi dei farisei del *Vangelo*, e cadono sotto l'anatema del Figlio di Dio: «Maledetti a voi, scribi e farisei ipocriti! Perché chiudete agli uomini il regno dei cieli. Voi non vi entrate, ed impedite agli altri che vi entrino. Maledetti voi, scribi e farisei ipocriti! Perché voi percorrete la terra e i mari per fare un proselito; e quando lo avete guadagnato, fate di lui un figlio dell'inferno, due volte peggio di voi». A questa categoria appartengono gli empi pubblicisti, professori di ateismo ed eresie, e questa turba di scrittori senza fede e senza coscienza che ogni giorno mentono, calunniano, blasfemano coscientemente, e di cui il demonio, padre della menzogna, si serve per perdere le anime ed insultare Gesù-Cristo. Poi vi sono gli orgogliosi che, pieni di se stessi, disprezzano gli altri e contro di loro scagliano impietosamente la pietra. Gli

egoisti, i ricchi malvagi che, affogando nella ricerca del lusso e della sensualità, non pensano che a se stessi e dimenticano i poveri. Ne è testimone il ricco malvagio del *Vangelo*, del quale Dio stesso ha detto: «… egli fu sprofondato nell'inferno». Poi ci sono gli avari che sognano solo di accumulare scudi, e che dimenticano Gesù-Cristo e l'eternità. Gli uomini d'affari, che mediante operazioni più che dubbie, per mezzo di ingiustizie consumate in segreto e commerci disonesti, sottraendo magari illecitamente i beni della Chiesa, fanno o hanno fatto la loro fortuna, grande o piccola, su basi che la legge di Dio condanna. Di essi è scritto «che non possederanno il regno dei cieli». Ci sono poi i voluttuosi, che vivono tranquillamente, senza rimorsi, con le loro impudiche abitudini, che si abbandonano a tutte le passioni, che hanno come Dio il loro ventre, che finiscono per non aver altra felicità che nei piaceri bestiali e grossolani dei sensi. Vi sono le anime mondane, frivole, che non pensano che a divertirsi, che a trascorrere il tempo follemente; le persone oneste secondo il mondo ma che dimenticano la preghiera, il servizio di Dio, i Sacramenti di salvezza, che non hanno alcuna preoccupazione della vita cristiana, non pensano affatto alla propria anima; essi vivono in uno stato di peccato mortale, e la lampada della propria coscienza è spenta, senza che essi se ne inquietino. Se il Signore viene all'improvviso, come ha predetto, essi ascolteranno la terribile risposta che Egli indirizza alle vergini stolte del Vangelo: «Non vi conosco!». Maledetto l'uomo che non è rivestito dell'*abito nuziale*! Il Giudice sovrano ordinerà ai Suoi Angeli di afferrare, al momento della morte, «il servitore inutile» per farlo gettare, piedi e mani legati, nell'abisso delle tenebre esteriori, cioè nell'inferno! Coloro che vanno all'inferno, sono le coscienze false ed ambigue che calpestano, con cattive confessioni e comunioni sacrileghe, il Corpo ed il Sangue del Signore, «mangiando così e bevendo la propria condanna», secondo la terribile parola di San Paolo. Ed ancora abbiamo le persone che abusano delle grazie di Dio, trovano il modo di essere malvagi negli ambienti più santi; sono i cuori pieni di odio, che rifiutano di perdonare. Infine abbiamo i settari della *franco-massoneria* e le vittime insensate delle società segrete, che si votano, per così dire, al demonio e giurano solennemente di vivere e morire fuori dalla Chiesa, senza Sacramenti, senza Gesù-Cristo, e di conseguenza, contro Gesù-Cristo. Non è detto che tutte queste povere persone andranno certamente all'inferno, ma esse vi si dirigono, cioè vi si incamminano. Fortunatamente per loro, non vi sono ancora giunte, e si spera che prima della fine del loro viaggio, essi preferiscano convertirsi umilmente piuttosto che bruciare eternamente. Ahimè, il cammino che conduce all'inferno è così largo, così comodo! Va sempre in discesa, è sufficiente lasciarsi andare. Il Nostro Salvatore ce lo dice a chiare lettere: «La via che porta alla perdizione è larga e molti vi si incamminano!». Esaminatevi, lettore amico mio; e se per disgrazia avete bisogno di mutare percorso, di grazia, non esitate, e portatevi fuori dalla strada dell'inferno finché siete ancora in tempo.

Chi muore in malo modo è certamente dannato?

 o. Questo è un segreto che appartiene solo a Dio. Ci sono persone che mandano tutti all'inferno, così come altri che mandano tutti in cielo. I primi credono di essere giusti, i secondi caritatevoli. In verità entrambi si ingannano; il loro primo errore è voler giudicare le cose che all'uomo non è dato conoscere quaggiù. Vedendo morire qualcuno in malo modo, si deve indubbiamente tremare, e non dissimulare la terrificante probabilità di una eterna riprovazione. È così che a Parigi, qualche anno addietro, una disgraziata madre, apprendendo la morte di suo figlio avvenuta in circostanze raccapriccianti, presa da crisi di disperazione, restò in ginocchio per due giorni. Trascinandosi da un mobile all'altro, tra crisi continue di disperazione e ripetendo incessantemente: «Figlio mio, povero figlio mio! … nel fuoco! … bruciare, bruciare eternamente!!». Era orribile sia il vederla che il sentirla. Ma nondimeno, benché probabile, benché possa sembrare certa la perdita eterna di qualcuno, resta sempre, nell'impenetrabile mistero di ciò che passa tra l'anima e Dio nel momento supremo, il non disperare. Chi potrà dire cosa passa nel profondo delle anime, anche nelle più colpevoli, in questo istante unico in cui il Dio di bontà, che ha creato tutti gli uomini per amore, che li ha riscattati col Suo sangue e vuole la salvezza di tutti, fa necessariamente,

per salvare qualcuno di essi, un ultimo sforzo di grazia e di misericordia? Ci vuole così poco tempo alla volontà per rivolgersi a Dio! Anche la Chiesa non tollera affatto che si pronunci, come certuni fanno, la dannazione certa per chicchessia. Questo è un usurpare il ruolo di Dio. Salvo Giuda e qualcun altro, la cui riprovazione è più o meno esplicitamente rivelata da Dio stesso nelle Sante *Scritture*, la dannazione di qualcuno non è assolutamente sicura. La Santa Sede ne ha dato una curiosa prova non molto tempo addietro, in occasione della beatificazione di un grande servo di Dio, il P. Pallotta, che è vissuto e morto a Roma in concetto di grande santità, sotto il Pontificato di Gregorio XVI. Un giorno il Santo Prete accompagnava all'ultimo supplizio un assassino della peggior specie, che rifiutava ostinatamente di pentirsi, si beffava di Dio, blasfemava, sghignazzava fin sul patibolo. Il P. Pallotta aveva esaurito tutti i mezzi di conversione. Egli era sul patibolo, al fianco di questo miserabile; col viso bagnato di lacrime, si era gettato in ginocchio, supplicandolo che chiedesse perdono per i sui crimini, mostrandogli l'abisso aperto dell'inferno nel quale stava per cadere: a tutto questo il mostro aveva risposto con un insulto ed un'ultima blasfemia; e la sua testa cadde sotto il colpo fatale. Nell'esaltazione della sua fede, del suo dolore, della sua indignazione, e perché questo turpe scandalo si potesse trasformare, per la folla che assisteva, in una lezione salutare, il povero prete si alzò, prese per i capelli la testa sanguinante del giustiziato e, presentandola alla moltitudine, disse: «Vedete - gridò con voce tuonante - guardate bene, ecco la faccia di un dannato!» Questa pulsione di fede era certo ben concepibile, ed in un certo senso era ammirevole. Questo però fu sufficiente per arrestare il processo di beatificazione del venerabile Pallotta; tanto la Chiesa è Madre di misericordia e tanto Ella spera, anche contro la speranza, poiché si tratta della salvezza eterna di un'anima! È così che si può lasciare qualche speranza e portare qualche consolazione ai veri cristiani al cospetto di certe morti terrificanti, improvvise ed impreviste, o anche (visibilmente) cattive. A giudicare dall'apparenza, queste povere anime sono evidentemente perse; da tanti anni quel vecchio viveva lontano dai Sacramenti, si beffava della Religione, ostentava incredulità! Questo povero giovane, morto senza potersene rendere conto, si comportava così male, ed i suoi costumi così deplorevoli! Quest'uomo, questa donna sono stati sorpresi dalla morte in un momento così cattivo, e sembrava certo che non abbiano avuto il tempo di rientrare in se stessi! Non importa, noi non dobbiamo, non possiamo dire in maniera assoluta che essi sono dannati. Senza nulla togliere ai diritti della Santità e della Giustizia di Dio, non perdiamo mai di vista quelli della Sua Misericordia. A questo proposito ricordo un fatto straordinario, e nello stesso tempo molto consolante. La fonte da cui lo traggo è per me una garanzia assoluta della sua perfetta autenticità. In uno dei migliori conventi di Parigi, ancora oggi vive una religiosa di origine giudaica, notevole per le sue alte virtù e la sua intelligenza. I suoi genitori erano israeliti, e non so come, all'età di circa venti anni, ella si convertì e ricevette il battesimo. Sua madre era una vera giudea; prendeva sul serio la sua religione, e praticava di conseguenza tutte le virtù di una buona madre di famiglia. Ella amava sua figlia con passione. Quando apprese della conversione della figlia, entrò in un furore indescrivibile; a partire da questo giorno si scatenò ininterrottamente con minacce e stratagemmi di ogni genere per riportare «l'apostata», come ella la definiva, alla religione dei suoi padri. Dal canto suo, la giovane cristiana, piena di fede e di fervore, pregava incessantemente e faceva di tutto per ottenere la conversione di sua madre. Constatando la sterilità assoluta dei suoi sforzi, e pensando che un grande sacrificio, più che tutte le preghiere, potesse ottenerle la grazia che impetrava, si risolse di darsi tutta a Gesù-Cristo e di farsi religiosa; cosa che mise in atto coraggiosamente. All'epoca aveva circa venticinque anni. La disgraziata madre fu più esasperata che mai nei confronti della figlia e verso la Religione cristiana, cosa che faceva aumentare ancor più l'ardore della novella religiosa per conquistare a Dio un'anima a lei tanto cara. Ella continuò così per venti anni. Vedeva sua madre di tanto in tanto, l'affetto materno si era in parte ridestato, ma, almeno in apparenza, non si intravedeva nessun progresso sul versante dell'anima. Un giorno la povera religiosa ricevette una lettera che la metteva al corrente della morte improvvisa della madre: l'avevano trovata morta nel suo letto. Descrivere la disperazione della religiosa sarebbe impresa impossibile. Come impazzita, non sapendo che cosa facesse o dicesse, corse, con la lettera in mano, a gettarsi ai piedi del Santo Sacramento; e quando i suoi singhiozzi le permettevano di pensare e parlare, ella disse, o piuttosto gridò a Nostro Signore. «Dio mio, è così che avete esaudito le mie suppliche, le mie lacrime e tutto ciò che ho fatto per venti anni?». Ed enumerando, per così dire, i suoi sacrifici di ogni genere, ella aggiunse, con strazio inesprimibile: «... e pensare che, malgrado tutto ciò, mia madre, la mia povera madre, è dannata!». Ella non aveva completato la frase, che una voce uscì dal Tabernacolo dicendole: «E che ne sai tu?». Spaventata la povera suora restò interdetta. «Sappi, riprese la voce del

Salvatore, che per confonderti e consolarti nello stesso tempo, Io ho dato a tua madre, nel momento supremo, una grazia così potente di luce e di pentimento, che la sua ultima parola è stata: "Io mi riposo e muoio nella Religione di mia figlia". Tua madre è salva, è in Purgatorio ... e non smettere di pregare per lei». Io ho sentito raccontare più volte dei fatti analoghi. Qualunque sia l'autenticità di ciascun caso in particolare, essi testimoniano una così grande e dolce verità, e cioè che in questo mondo la misericordia di Dio sovrabbonda, che all'ultimo momento, Ella compie uno sforzo supremo per strappare i peccatori all'inferno[2]; e che, infine, qui cadono tra le mani dell'eterna Giustizia solo coloro che RIFIUTANO FINO ALLA FINE gli approcci della Misericordia.

---

2   Cf. *Quanto Conficiamur, Papa Pio IX*: «(Solo) Dio, infatti, vede perfettamente, scruta, conosce gli spiriti, le anime, i pensieri, le abitudini di tutti e nella Sua suprema bontà, nella Sua infinita clemenza non permette che qualcuno soffra i castighi eterni senza essere colpevole di qualche volontario peccato»; *Singulari Quadam*, del medesimo Pontefice: «Ora, chi si arrogherà tanto da poter determinare i limiti di codesta ignoranza secondo l'indole e la varietà dei popoli, delle regioni, degl'ingegni e di tante altre cose? ... Per altro, come richiede la carità, non desistiamo giammai dal pregare affinché tutte le genti di ogni parte si convertano a Cristo, e adoperiamoci secondo il nostro potere per la comune salvezza di tutti gli uomini, giacché non è limitata la mano del Signore, né verranno mai a mancare i doni della celeste grazia a coloro che con animo sincero vogliono e chiedono di venire ravvivati a questa luce», ndR.

Uscire immediatamente dallo stato di peccato mortale

uali pratiche conclusioni possiamo trarre da tutto questo, mio buono e caro lettore? Queste grandi verità non ci vengono rivelate da Dio che per ispirarci fortemente il timore che è, con la fede, la base della salvezza, timore della giustizia e dei giudizi di Dio; timore del peccato che porta all'inferno; timore di questa dannazione e maledizione spaventosa, di questa disperazione senza fine, di questo fuoco sovrannaturale che penetra nello stesso tempo le anime ed i corpi, di queste tenebre oscure, di questa orribile società di Satana e dei demoni, infine, dell'eternità immutabile di tutte queste pene, giustissimo castigo del riprovato. (Chi vuole salvarsi deve uscire immediatamente e ad ogni costo dallo stato di peccato mortale).

Come evitare l'inferno

erto è una buona, anzi ottima cosa aver fiducia nella misericordia senza misura, ma, alla luce della vera fede, la speranza non deve essere mai separata dal timore, e se la speranza deve sempre dominare il timore, questo avviene a condizione che il timore sussista come le fondamenta di una casa, che danno a tutto l'edificio forza e solidità. Così il timore della giustizia di Dio, la paura del peccato e dell'inferno devono allontanare dall'edificio spirituale della nostra salvezza ogni vana presunzione. Lo stesso Dio che ha detto: «Mai rigetterò colui che viene a me», ha detto egualmente: «Preparate la vostra salvezza con timore e tremore». Bisogna santamente temere per aver il diritto di sperare santamente. In presenza degli abissi brucianti ed eterni dell'inferno, rientrate in voi stessi, mio caro lettore, ma per bene e seriamente. Come vi trovate ora? Siete nello stato di grazia? Non avete sulla coscienza qualche grave peccato per cui, se moriste improvvisamente, questo potrebbe compromettere la vostra eternità? In questo caso, credetemi, non esitate a pentirvi sinceramente, poi andate a confessarvi oggi stesso appena avete un momento disponibile. È necessario dirvi, che di fronte all'inferno, tutto passa in secondo ordine, ed è imperativo - sentitemi bene - assolutamente imperativo, assicurare la vostra salvezza. «A che serve all'uomo guadagnare

il mondo, se poi perde la sua anima?». Ha detto a tutti noi il Giudice sovrano, e «cosa potrà dare in cambio della sua anima?». Non rimandate a domani quel che potete fare oggi! E poi … siete sicuri che ci sarà un domani per voi? Io ho conosciuto una volta, in un piccolo villaggio della Normandia, un povero uomo che, dopo il suo matrimonio, cioè dopo trenta anni, s'era lasciato prendere dai suoi affari, dal suo piccolo commercio e poi, bisogna dirlo, dall'osteria e dal vino, tanto che aveva finito per dimenticare il servizio di Dio. Egli non era malvagio, tutt'altro. Due o tre mezzi attacchi gli avevano fatto paura, ma sfortunatamente non tanto da farlo tornare ai suoi doveri. Le feste di Pasqua si avvicinavano. Il suo Curato lo incontrò una sera e gli parlò molto francamente: «Signor curato, rispose l'altro, io vi ringrazio per la vostra bontà, ci penserò, ve lo prometto, parola di uomo onesto. Se non vi dispiace, tornerò a parlare con voi fra qualche giorno». Il giorno seguente si trovò il corpo del povero uomo in un fiume là vicino: attraversandolo a cavallo, era stato colpito da apoplessia ed era caduto nell'acqua. Due anni or sono, nel quartiere latino, uno studente di ventiquattro anni, che dopo il suo arrivo a Parigi si era dato ai bagordi con tutti i comportamenti tipici dei giovani, riceveva un giorno la visita di uno dei suoi compagni, così buono e puro come poco lo era lui stesso. Era un compatriota che veniva a chiedergli nuove circa il suo paese. Dopo qualche minuto di conversazione, questi si ritirò. Ma ricordandosi subito che aveva dimenticato uno dei suoi libri dall'amico, tornò a bussare alla sua porta. Egli dormiva, nessuna risposta. La chiava era però nella serratura. Dopo aver suonato e bussato di nuovo, entrava … il disgraziato era steso a terra morto stecchito. Non era passato neppure un quarto d'ora da quando l'amico lo aveva lasciato. Un aneurisma, pare, gli avesse lesionato il cuore. Si trovò una scrivania piena di lettere abominevoli, ed i soli libri che componevano la sua esigua biblioteca, erano dei più osceni che si trovassero. Esempi del genere si potrebbero moltiplicare senza numero, senza contare poi i mille incidenti che ogni giorno fanno, per così dire, passare repentinamente dalla vita alla morte; gli incidenti ferroviari e stradali, ad esempio, le cadute da cavallo, gli incidenti di caccia o di navigazione, i naufragi, etc... Essi mostrano con maggiore eloquenza che tutti i ragionamenti, che bisogna sempre essere pronti a comparire davanti a Dio, che non bisogna giocarsi la proprie eternità con un "forse", e che l'uomo in stato di peccato mortale che non pensa a riconciliarsi immediatamente con Dio con il pentimento e la confessione, è un folle che danza su un abisso, un triplice folle. «Io non comprendo - diceva San Tommaso - come un uomo in stato di peccato mortale sia capace di ridere e scherzare». Egli si espone con gaiezza di cuore a sperimentare a sue spese le profondità di questa parola spaventosa dell'Apostolo San Paolo: «È una cosa orribile cadere tra le mani del Dio vivente»[3].

---

3   *Riferimento alla sentenza punitiva di Dio giusto Giudice, ndR.*

Evitare attentamente le occasioni pericolose e le illusioni

isogna portare ancora più lontano il nostro zelo della eterna salvezza, e prendere delle precauzioni ancora più serie. Non bisogna contentarsi di uscire al più presto dalla via dell'inferno, bisogna evitare di esserne avviati. Bisogna ad ogni costo evitare le occasioni di caduta, soprattutto quelle che per triste esperienza hanno dimostrato la loro pericolosità. Un cristiano, un uomo con senso comune, affronta tutto, sopporta tutto per sfuggire al fuoco dell'inferno. Dio stesso non ha forse detto: «Se la vostra mano destra, se il vostro piede, se il vostro occhio, se ciò che avete di più caro al mondo è per voi occasione di peccato, tagliatelo, cavatelo senza esitare; è meglio entrare, non importa a quali condizioni, nel regno di Dio e nella vita eterna, piuttosto che essere gettati nell'abisso del fuoco, nel fuoco eterno, ove il rimorso non muore mai, ed il fuoco mai si estinguerà». Nessuna illusione al riguardo! Le illusioni sono il movimento aggirante con il quale il nemico cerca di sorprenderci quando non riesce ad avere garanzie da un attacco frontale e fa che queste illusioni siano perfide, sottili, multiple, frequenti! Esse si attaccano a tutto, ma più particolarmente all'egoismo, con i suoi freddi calcoli e le sue raffinatezze; sopra ogni sfumatura di insurrezione dello spirito contro la fede, contro l'intera sottomissione dovuta all'autorità della Santa Sede e della

Chiesa; sulle pretese necessità di salute o di abitudini, che fanno scivolare insensibilmente nella fossa dell'impurità; sugli usi e le convenienze del mondo in mezzo alle quali si vive, e che vi introducono facilmente nel turbinio del piacere, della vanità, dell'oblio di Dio, e nella negligenza della vita cristiana: infine sull'accecamento della cupidigia che spinge tanta gente a frodare, con il pretesto della necessità del commercio, nel generale costume negli affari, della saggia preveggenza per l'avvenire dei figli, etc... Ma, lo ripeto, nessuna illusione! Quanti riprovati sono oggi all'inferno, che non vi sono entrati che da quest'ultima porta! Si può sedurre se stessi, almeno in una certa misura, ma non si saprebbe ingannare lo sguardo di Dio. La stessa vita religiosa non sempre è sufficiente a preservarcene. Sappiatelo bene, ci sono religiosi all'inferno; ce ne sono pochi, io spero, ma infine ve n'è. E come sono arrivati là? Con il fatale cammino delle illusioni: illusioni che riguardano l'obbedienza, la pietà, la povertà, la castità, la mortificazione, l'uso della scienza, ed altro, che so? ... E com'è largo questo cammino delle illusioni! Qui ne darò un esempio preso dalla vita di San Francesco d'Assisi. Tra i principali appartenenti al nascente ordine dei *Frati Minori*, vi era un certo fra' Giovanni da Strachia, la cui passione per la scienza minacciava di far deviare i suoi religiosi dalla semplicità e dalla santità della loro vocazione. San Francesco lo aveva avvertito a più riprese, ma sempre invano. Giustamente sgomento della funesta influenza che questo provinciale esercitava, lo depose in pieno Capitolo, dichiarando che Nostro-Signore gli aveva rivelato che bisognava agire con questo rigore, perché l'orgoglio di questo uomo aveva attirato su di lui la maledizione di Dio. L'avvenire lo dimostrò ben presto. Il disgraziato morì in effetti in mezzo alla più terribile disperazione, gridando: «Sono dannato e maledetto per l'eternità!». E delle raccapriccianti circostanze che seguirono alla sua morte confermarono questa sentenza.

Vivere una vita seriamente cristiana

olete ancora essere più sicuri di evitare l'inferno, mio caro lettore? Non vi contentate di evitare il peccato mortale, di combattere i vizi ed i difetti che vi ci conducono; conducete una vita buona e santa, seriamente cristiana e piena di Gesù-Cristo. Fate come le persone prudenti che attraversano percorsi impervi che costeggiano precipizi: per paura di cadere, esse si guardano bene dal camminare sul bordo, ove un semplice passo falso potrebbe diventare fatale; esse prendono saggiamente l'altro lato della strada, e si allontanano quanto più possono dal precipizio. Fate lo stesso. Abbracciate generosamente questa bella nobile vita che si chiama la *vita Cristiana*, la *via della pietà*. Guidati dai consigli di qualche santo Prete, imponetevi una sorta di regolamento di vita, nel quale farete entrare, in proporzione ai bisogni della vostra anima e delle circostanze esteriori nelle quali vi trovate, qualche buono e solido esercizio di pietà, tra i quali vi raccomando i seguenti, alla portata di tutti: Cominciate e finite la vostra giornata sempre con una preghiera ben curata, fatta col cuore. Aggiungete, mattino e sera, la lettura attenta di una o due paginette del *Vangelo*, o dell'*Imitazione*[4], o di qualche altro buon libro a vostra scelta che meglio vi edifichi; e, dopo questa breve lettura, qualche

---

4   *L'Autore allude al prezioso volumetto: «L'imitazione di Cristo», ndR.*

minuto di raccoglimento e di buoni propositi, al mattino per la giornata, alla sera per la notte, col pensiero della morte e dell'eternità. Prendete l'eccellente abitudine di fare il segno della Croce tutte le volte che uscite dalla vostra camera, e ogni volte che vi entrate. Questa pratica, estremamente semplice, è molto santificante. Ma abbiate sempre cura di non fare questo Segno sacro alla leggera, senza pensarvi, distrattamente come una routine, come fanno tanti. Bisogna farlo religiosamente e gravemente. Cercate, se i doveri del vostro stato ve ne lasciano l'opportunità, di andare a Messa tutte le mattine, di buon'ora, per ricevere ogni giorno la benedizione per eccellenza. E di rendere a Nostro Signore il dovuto omaggio che ciascuno di noi Gli deve nel Suo grande Sacramento. Se non potete, sforzatevi almeno di fare ogni giorno un'adorazione al Santo Sacramento, sia entrando in Chiesa, sia da lontano e dal profondo del vostro cuore. Rendete ugualmente ogni giorno, con cuore veramente filiale, alla Santissima Vergine Maria, Madre di Dio e Madre dei Cristiani, qualche omaggio di pietà, di amore, di venerazione. L'amore della Santa Vergine, unita all'amore del Santo Sacramento, è una caparra quasi infallibile di salvezza, e l'esperienza ha dimostrato in tutti i secoli che Nostro-Signore Gesù-Cristo accorda delle grazie straordinarie sia durante la loro vita, sia al momento della loro morte, a tutti quelli che invocano e che amano Sua Madre. Portate sempre addosso o uno scapolare, o una medaglia, o un rosario. Prendete senza lasciarla mai l'abitudine eccellente di confessarvi e comunicarvi spesso. La Confessione e la Comunione sono i due grandi mezzi offerti dalla misericordia di Gesù-Cristo a tutti quelli che vogliono salvare e santificare le loro anime, evitare le colpe gravi, crescere nell'amore del bene e nella pratica delle virtù cristiane. Non si può al riguardo dare una regola generale, ma ciò che si può affermare con certezza, è che gli uomini di buona volontà, cioè quelli che vogliono evitare sinceramente il male, servire il buon Dio ed amarLo con tutto il cuore, sono tanto migliori se si comunicano frequentemente. Quando si vive così, si è al meglio; e questo dovrebbe ripetersi più volte alla settimana, o anche ogni giorno; tutti i buoni cristiani farebbero molto bene, avendone la facoltà, a santificare con una buona Comunione tutte le domeniche e le feste, senza mancarvi mai per loro colpa. Il celebre *Catechismo* del Concilio di Trento, sembra dire che il meno che possa fare un cristiano, appena preoccupato della sua anima, è l'andare al Sacramento tutti i mesi. Infine proponetevi, nel vostro piccolo regolamento di vita, di combattere incessantemente i due o tre difetti che voi notate, o che altri hanno fatto rimarcare essere in voi: è questo il lato debole della piazza, ed è evidentemente da qui che da un momento all'altro il nemico tenterà sorprese e colpi di mano. Evitate come la peste le cattive frequentazioni e le cattive letture. Voi lo comprendete, caro lettore, che io non vi raccomando cose obbligatorie, lungi da me! ... ma, vi ripeto, se entrate in questa via di generosità e di fervore, e la seguirete risolutamente, voi vi assicurerete in maniera sovrabbondante il grande affare della vostra eternità; e sarete così certi di evitare le pene eterne dell'inferno, come si è certi di evitare le privazioni della povertà, con una saggia ed intelligente amministrazione che aumenti potentemente la propria fortuna. In ogni caso, non mancate di prendere da queste direzioni ciò che potrebbe fare al vostro caso al meglio; ma per l'amore dell'anima vostra, per l'amore del Salvatore che ha versato tutto il Suo sangue per essa, non indietreggiate davanti al *Vangelo*, e siate dei buoni cristiani. Pensate spesso seriamente all'inferno, alle sue pene eterne, alle sue fiamme divoranti, e vi assicuro che andrete in cielo. Il grande missionario del cielo è l'inferno. Un giorno, un buon Prete che, dopo aver per quaranta anni predicato in tutta la Francia con encomiabile zelo apostolico, era a Roma ai piedi del buono e Santo Padre, S.S. il Papa Pio IX, che si intratteneva familiarmente con lui su questo bel mistero. «Predicate molto le grandi verità della fede, gli diceva il Papa, predicate soprattutto l'inferno. Nessuna dissimulazione, dite chiaramente, con fermezza e a voce alta, tutta la verità sull'inferno. Nulla è più efficace nel far riflettere e ricondurre a Dio i poveri peccatori». È proprio ricordandomi di queste parole, così profondamente vere del Vicario di Gesù-Cristo, che ho intrapreso la stesura di questo piccolo lavoro sull'inferno. E poi, meditando le pene eterne e le sciagure dei riprovati, mi sono pure ricordato di una espressione di San Girolamo che eccitava una vergine cristiana al timore dei giudizi di Dio: «*"Territus terreo"*, egli scriveva, atterrito atterisco»[5]. Io mi sono sforzato di farlo qui, e Nostro Signore mi è testimonio che nulla ho nascosto di quanto so di questo terribile mistero. A voi lettore, chiunque voi siate, trarne profitto. Quante anime sono in cielo spinte principalmente dal timore dell'inferno! Io vi offro questo modesto opuscolo chiedendo al buon Dio di farvi penetrare in fondo all'anima queste grandi verità che esso riassume, affinché il timore vi ecciti all'amore, e l'amore vi conduca dritti in Paradiso. Degnatevi di pregare per me, affinché Dio mi faccia misericordia, come a voi stessi, degnandosi di pormi, con voi, nel numero dei Suoi eletti.

---

5 *Anche Sant'Agostino, ndR.*

SUB
TUUM PRAESIDIUM
IMMACULATA

FINE

Sommario

Mgr. Louis Gaston Adrien de Ségur

The illustrated Catholic Family Annual for 1883, TCPS, NY, pag. 42

+ Requiem aeternam dona ei, Domine, et lux perpetua luceat ei.
Requiescat in pace. Amen +

Stampato

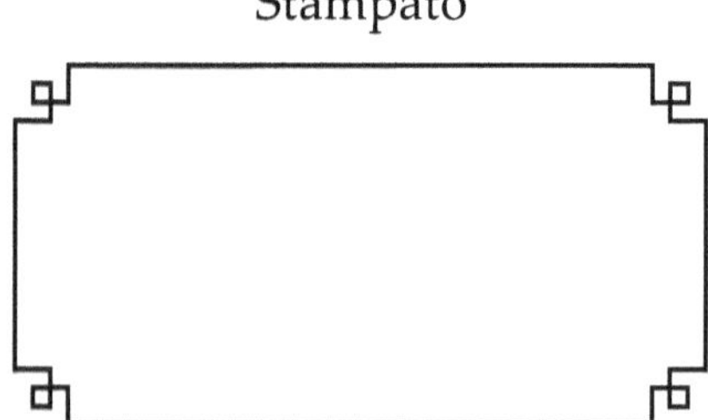

www.ingramcontent.com/pod-product-compliance
Lightning Source LLC
Chambersburg PA
CBHW031320160726
47993CB00001B/483